"上海市教育委员会科研创新项目"研究成果

语文教师职后培训模式与效能研究

◇ 王意如 著

文汇出版社

图书在版编目（CIP）数据

语文教师职后培训模式与效能研究 / 王意如著. --
上海：文汇出版社，2017.9
ISBN 978-7-5496-2289-4

Ⅰ. ①语… Ⅱ. ①王… Ⅲ. ①语文课－师资培养－研
究－中小学 Ⅳ. ①G633.302

中国版本图书馆CIP数据核字(2017)第200540号

语文教师职后培训模式与效能研究

作 者 / 王意如

责任编辑 / 陈今夫
封面装帧 / 方济力

出版发行 / 文匯出版社
     上海市威海路 755 号
     （邮政编码 200041）
经 销 / 全国新华书店
印刷装订 / 当纳利 (上海) 信息技术有限公司
版 次 /2017 年 10 月第 1 版
印 次 /2017 年 10 月第 1 次印刷
开 本 /880×1230 1/32
字 数 /180 千
印 张 /10

ISBN 978-7-5496-2289-4
定 价 /80.00 元

前言

语文教师职后培训模式
与效能研究的缘起和总结

2013 年底，我和我的团队获准开始上海市教委科研创新项目"语文教师职后培训模式与效能研究"的工作，经过了数年的努力，终于汇集成了这本小书。对教师职后培训的研究不在少数，但以学科为对象就比较少见了。我们希望这个成果相较于一般的教师培训研究针对性更强，也更有实践意义。

一、本课题试图解决的问题

多年来，我们承接了大量的教师培训任务，在实践中积累了不少经验，也遇到了一些问题。比如，教师培训对于教师的专业发展究竟有多大作用？语文教师的专业发展有哪些带有普遍性的问题？语文教师职后培训应该有哪些基本原则？培训的内容和形式有什么特点？有哪些行之有效的培训模式？

从目前的研究情况来看，还有两个亟待补上的空白：

一是以学科为出发点的教师职后培训研究。

一般来说，作为成人教育研究，研究对象主要是宏观的教师教育。比如，由教育部主管、东北师范大学主办的研究中小学教师培训的综合性刊物《中小学教师培训》，就是对教师培训进行研究的专业杂志；还有北京教育学院定期编纂结集的《教师培训研究与评论》等。在教师培训方面，也不断有一些研究成果问世，如《面对面教师培训三重境界的适用情境与实现途径》（《课程·教材·教法》2011.10）、《解析教师培训中的三个基本问题——"国培计划"培训者团队研修项目实施反思》（《全球教育展望》2011.7）等。台湾地区也有相关著作出版，如吴青山《师资培育研究》（高等教育文化事业有限公司，2010）等。教育科学出版社还出版了"国际教师教育研究书系"，如《澳大利亚政府优质教师计划研究》等。但这些研究大多不针对具体学科。实际上，不同学科的教师在职后培训中很可能会遇到不同的问题，培训内容以及相应的方式更是不同。宏观的教师专业发展研究当然是重要和必要的，但是，就好比教学论最终得落实到具体学科一样，教师培训研究也有落实到具体学科的必要。

二是对教师职后培训模式的研究。

已有研究成果中也有研究培训模式的，如《新课程参与式教师培训丛书》（靳健主编，首都师范大学出版社，2012）等，但较多的是对某种培训模式的介绍及其培训内容的展示，而缺少将培训本身作为对象来进行研究。教师的职后培训是一个复杂的过程，它的效能和诸多因素有关。

本课题把研究重点放在培训模式的研究上，同时兼及其他，希望能对语文教师职后培训有一较为全面而准确的总结。

二、工作途径

开始研究前，我们首先考虑了工作的途径，也即通过什么样的方法来获得需要的信息，并在此基础上进行研究。我们思考的路径大致如下：

1. 语文教师职后培训的有效性调查

为了对教师职后培训的情况作深入研究，我们对近年来参加培训的部分教师进行了问卷调查。本次调查从 2013 年 10 月开始，历时一年多，对山东、山西、河南、河北、福建、广东、安徽、甘肃、吉林以及上海市等九省一市的近千名进修教师进行抽样调查。样本为：青岛胶州 41 人，福建长海小学教师 65 人，河北国培班（初中语文）58 人，山西国培班（初中历史）80 人，上海市杨浦区国培班 50 人，上海市黄浦区卓越教师进修班 28 人，郑州中原区小学语文教师 60 人，吉林省第二实验学校教师 61 人，东北师大附中下属三个初中学校教师 33 人，东北师大附中高中部教师 25 人，东北师大附中净月校区教师 32 人，郑州市中原区小学语文骨干教师 66 人，兰州市中小学骨干教师 45 人，蚌埠市小学语文骨干教师 42 人，深圳盐田区小学骨干教师 29 人，浙江余姚低塘初级中学教师

21 人，浙江平湖教师 17 人，浙江余姚高中骨干教师
110 人，安徽实台中学教师 39 人。

调查对象全部是正在接受培训的教师。有的是教
育部国培计划的受训学员，也有一些在其他形式的研
修班中接受培训的教师。从人员组成来看，有来自一
个省份的、一个地区的教师，也有来自一所学校或若
干所相关学校的教师。从任职的情况来看，初中、高
中和小学都有。从学科来看，有一部分是语文教师，
也有其他学科的教师。教师的身份大部分为教研组长
或骨干教师，也有一般教师。

调查采用问卷形式，不出现姓名、工作单位等信
息，以确保反馈信息的真实可靠。共收到有效问卷
599 份。

本次调查的问题主要分为两大方面：

一是关于培训效能。我们参考了 Krikpatrick 评
价模式 [1]，从反应评价、学习评价、行为评价和结果
评价四个层次进行考察。二是关于培训模式。包括培
训内容的组合、培训的形式等。设计这两方面的问题，
主要是为了获取关于培训的基本信息，便于在此基础
上，做更深入的研究。

作为基础，我们首先对教师职后培训的频次进行
了调查。

---

[1] 参见 [美]Thomas R. Guskey 著 . 方乐等译 . 教师专业发展评
价 [M]. 北京：中国轻工业出版社 .2005.2

从调查中可以看到，老师们都在接受定期或不定期的培训，大部分教师每学期都在接受培训，至少也得每年一次，两年一次的已经不多，三年一次的更加少见（2.8%）。只有一位教师说，他从教 20 年只接受过一次培训。由于缺少个人信息，我们无法作更深入的调查，但这个只占到 0.1% 的个例，应该不影响教师培训的整体情况。总的来说，教师参加培训是持久且高频次的，充分说明职后培训在教师的职业生涯中占据了非常重要的地位，我们没有理由不给予充分的重视。

与上述面上的调查相辅，我们以参加教育部"跨世纪园丁工程"国家级培训（华东师范大学培训点）的学员为跟踪对象，向他们分发调查问卷，进行点上的调查，并于 2014 年 4 月在北京广渠门中学召开了"语文教师职后培训模式与效能研究"学术研讨会。由项目负责人王意如教授作主报告《"语文教师职后培训模式与效能研究"的意义和行动计划》，然后以"我的职后培训之路"为主题展开研讨，获得更多的第一手资料。（以上内容详见本书第一章和第二章）

2. 语文教师职后培训的模式研究

这个研究主要是通过以下几个方向来完成的：

（1）对实施"国培计划"相关研修项目的反思

2009 年开始，我国教育部、财政部"中小学教师国家级培训计划"（简称"国培计划"）中专列"培训者团队研修项目"，这是我国难得的国家级、全学科、全学段、高层次的培训者培训项目。

从"培训者的反思"和对培训者的观察中，需要重点推敲的关于教师培训的三个基本问题凸显出来：谁在培训？培训什么？怎么培训？

从这三个基本问题出发，探究培训者队伍的结构与使命问题、培训内容的选择与设计问题以及关于培训方式的困惑与发展瓶颈。

谁在培训的背后，是关于培训者队伍的组建。

每一期研修项目，我们都会遭遇不同群体学员的不同培训需求的挑战。在示范性项目学科培训者班中，最突出的挑战是：其一，高校教师普遍喜欢学科专家深入探讨学科问题，一线教师普遍关心课堂教学实际问题，两个群体立场鲜明、关注点截然不同；其二，两个群体中对教师培训本身的关注度都不如对学科研究、教学的关注度。在省级学科培训者团队研修项目中，对培训问题的关注度有所提高，但突出的挑战在于：一线教师同样只关注自己课堂教学问题，并且其中不乏几乎没有培训经验，甚至对培训他人并无多大兴趣的人。出现这样的需求差异问题，显然与学员自身日常工作中的角色、身份密切相关。

不同身份、角色的学员置身同一个研修项目中，确实有实施层面的难处，但这也恰恰是让培训者从不同的立场出发共同研讨如何做好教师培训工作的一个绝佳机会。

　　培训什么的背后，是培训内容的确定。

　　首先是关于"实用""实践""操作性"情结。一方面，我们需要请一线教师不要那么"功利"，每一个教师面对的具体问题还要请每位教师自己解决；但是另一方面，我们也不得不承认，虽然我们都明了，所有的培训项目都要针对教师的需求，立足于帮助教师解决实际问题，但是有多少培训项目真正始于对教学实践的调研、分析？有多少培训内容是真正立足于对实践的研究？也许，培训中呈现的"理论知识"应该是基于实践研究而专门"生产"出的"理论知识"。

　　其次是如何让培训内容框架具有个性？

　　在 2010 年培训者团队研修项目中，在"培训方案的设计"专题中，我们安排了一个互动环节，请所有培训者根据自己对当地一线骨干教师的了解，预测当前他们的培训需求，列出相应的培训内容。这个任务每一个人都做了，结果是无论多寡，整体风格都比较一致，目前培训者群体的思维方式和思考结果也都比较一致。而我们希望的是能看到更多个性化的培训内容设计。培训话题的选择和培训内容的设计，考验着培训者的敏感性和研究能力。

　　再次是如何看待培训内容的系列性、逻辑性问题？

　　关于一个培训项目内部之间的联系问题。反思当前教师培训实践常态，确实会发现非常普遍的"拼盘"

现象，经常因人（专家）设课，而不是因目标、项目需求有针对性地安排内容。培训内容与培训目标、需求之间的关系不紧密、不对称。学员不得不经常在跳跃的信息、知识和专家个人智慧间穿梭。因此，培训设计者们在项目启动之初就需要从内容层面加强"项目设计"。当然，在一个项目内部，逻辑性的把握也要有尺度。在一级模块层面，逻辑性需要清晰、明确；但在每一个模块下面放哪些小专题，乃至每一个小专题从哪些方面展开，此时则不必再拘泥于逻辑性，而需要更多地从一线实践状况和项目需要出发安排必要的内容。

关于若干个项目之间的内容关系问题。事实上，这已经不是一个纯粹的设计问题了，还涉及培训的管理体制问题。各地的培训者通常面对的是当地相对稳定的培训对象，理论上来说，应该还有一定的规划机会、空间，但如何有计划地引领特定教师群体的专业发展，这可能是需要教育行政部门、教师培训机构以及中小学校管理者协同合作的事情。

如何培训的背后，是关于培训方式的反思。

解析"如何培训"问题，从浅层到深层，存在一系列的问题。关于培训方式的改变和优化，可能需要经历三个阶段：培训者自觉关注、自觉探索；尝试丰富培训方式，提升培训成效；保证培训成效，且影响学员的思维方式、教学方式。（以上内容详见本书第三章）

（2）对上海带有普遍性的职后培训形式："师徒式"带教式的解剖

这种"师徒带教式"的教师培训，开始可能是个别的、零散的，到后来就发展为一种职后培训的特殊形式。初职教师到校后，一般学校都会指派一位有一定资格的教师作为"师傅"，在区和市的层面，则多以工作室的形式出现。在上海，这种"师徒带教式"职后培训的最高形式，就是"上海市普教系统名校长名师培养工程"。

上海市普教系统名校长名师培养工程简称"双名工程"。在经过领导和专家审核后，成立了若干"上海市普教系统名师培养基地"（"上海市普教系统名校长培养基地"不在语文学科范畴内，暂略），承担教师职后培训的任务。

我们以杨浦区教师进修学院语文特级教师王白云的"白云语文工作坊"为例，对这一教师职后培训的特殊形式进行了反思。（以上内容详见本书第四章）

（3）对240、540培训课程设置的检索

在上海，教师的职后培训有初职教师培训、常规教师培训和骨干教师培训等形式。新教师到岗后，除了师傅的带教外，还要参与每周一次的培训，时间为一年。一般教师在五年内要完成360学时的业务进修，高级教师要完成540学时。骨干培训则有基地、工作

坊等各种形式。这些培训基本可分为三个层级：市级、区级和校级。其中，区级培训的份额最大。

各区都有教师进修学校（院）或类似的单位，专门负责教师的职后师训，对区内教师进行常规性的培训，应该说，区级培训是教师职后培训非常重要的一块。但在调查中，我们发现，大部分教师对区级培训的满意度不高。究其原因，可能主要是由于以下两点：

首先，相对其他一些培训活动来说，区级培训是最常规的，几乎是老时间、老地方、老面孔的重复，容易引起倦怠感。其次，区级提供的课程可能不像高校提供的培训那样，容易让教师有"高大上"的感觉；同时，在操作性上，又不一定有鲜明特色。

为此，很多区级培训单位在教师培训的课程设置上下了很大功夫。比如某区负责教师职后培训的单位，对教师的继续教育选修课程进行招标。

小学阶段，招标的课程有：古代诗文选读、小学语文教材分析与解读（分册）、当下语文教育热点问题研究、语文试题命题研究、小学阅读教学设计、小学作文教学研究、识字教学研究、小学口语交际教学研究、小学语文综合性学习设计与指导、小学写字（硬笔字和毛笔字）指导、小学语文教学五环节、小学生课外阅读指导、新课程理念下的观课评课、中国文化常识导读等 14 门。

初中阶段，招标的课程有：初中语文课程标准解读、初中语文教材解读与分析、语文课堂教学专项技能训练、文言文教学与鉴赏、语文课程资源开发与利用、初中语文试题命制、初中语文教学内容确定与学习策略指导、初中语文毕业班复习策略指导、初中语文写作教学、初中语文有效作业研究、语文课堂教学评价、语文课堂教学观察技术指导、当下语文教育名家专题研究、初中语文教师专业成长指导、当下语文教育热点问题研究、文学领域学术研究前沿等 16 门。

　　高中阶段，招标的课程有：高中语文现代文篇目的教学内容研制、高中文言文篇目的教学内容研制、语文课程资源开发与利用、古代文学史的语文教学阐释——作为文言篇目解读的背景、高中语文试题命制、文学领域学术研究前沿、当下语文教育名家介绍、当下语文教育热点问题研究、教育哲学与语文教育、高中语文教材（华师大版）阅读教学设计、高中语文写作教学设计、语文课堂教学专项技能培训、高中语文课堂教学案例研究等 13 门课程。

　　基层学校的教师可以以个人或团队的形式提出申请，通过专家审核后，可以试开设。课程成熟后，还有精品课程的评选等，有力地促进了区级层面教师培训课程质量的提高。同时，在对这些课程设置进行研究的时候，我们也发现了一些问题。

　　我们看到，上述所有的课程内容包括课程标准的研读、教材分析、教学研究、测量与评价、学科理论、专业素养、教师专业发展等七部分。从大类来说，是比较全面的。但若要作为教师培训系统性课程，则还有完善的空间。有关教学研究的课程基本为半数。这体现了职后教师培训对教学实践的强调，而且各学段的分布也相对匀称。课程内容包括识字、写字、阅读、写作、口语交际、综合性学习等各个方面。测试与评价也较好地顾及了对教师"教"的评价和对学生"学"的测量。

但课程内容明显存在不够系统、完整的情况。比如，课程标准作为学科的纲领性文件，占比只有 3%，实际上就是一门课，而且标明是"初中语文课程标准解读"，小学和高中都阙如。同样占比 3% 的还有教师的专业发展，也是一门课，且标明"初中语文教师专业成长指导"。占比 5% 的教材分析也同样存在学段没有全覆盖的情况。

另外，专业素养方面的课程，随意性更大，基本没有内在规律可寻。（以上内容详见本书第五章）

（5）对一种新型的教师培训模式的尝试

根据上海市教育体制改革领导小组第八次专题会议明确的"建立见习教师规范化培训制度"的精神，积极贯彻落实《国家中长期教育改革和发展规划纲要（2010—2020 年）》和《上海市中长期教育改革和发展规划纲要（2010—2020 年）》，上海市教委研究决定，在本市基础教育系统实施见习教师规范化培训制度。

在上海市教委颁布《上海市中小学（幼儿园）见习教师规范化培训指导意见（试行）》后，华东师范大学、上海师范大学都启动了"上海市教育硕士专业学位教育与中小学（幼儿园）见习教师规范化培训结合项目"（以下简称"教硕－规培项目"）。本项目是上海市教委将上海市中小学（幼儿园）见习教师规范化培训和上海教育硕士专业学位研究生教育相结合的项目，旨在培养一批能够胜任教育教学岗位要求、具有较强科研能力的高素质中小学（幼儿园）教师。

这是一种新型的教师培训模式。它有以下几个特征：

首先是特定的培训对象，其次是教师培训和学历教育的结合。这些特征决定，"教硕－规培项目"既不是一般的职后教师培训，也不是一般的学历教育，必须有相应的举措来应对这一特殊形式和这个特殊的群体。

为此，华东师范大学中文系为这批教师度身定做了一门课程——语文教育实践工作坊。这既是一种新型的职后教师培训模式，同时也是一门新的课程。

《语文教育实践工作坊》定位为语文教育系列课程中的实践性课程，是在学生学习了语文教育的相关理论后，用课堂来实践、来体验的过程性学习。意在通过课堂教学和实例研讨相结合的方法，探究语文教育理论如何落实在各个学段的课堂教学中。希望通过本课程的研习，增强学生运用理论研究成果的自觉性和操作能力，从微观课堂出发，回归"把语文教育理论与实践相结合"的宏观课题。

《语文教育实践工作坊》采用案例教学法，以学生自己提供的课堂教学案例为抓手（每次 9-10 个），确立不同的主题，以授课、说课、研讨的方法进行。

从课程完成的情况来看，这一新的尝试是富有成效的。这门课程的目标对准了初入职教师群体的情况，即他们既有一定的教学经验，又相对缺乏理性的研究；他们正在接受教育学方面的系统课程的教育，同时又可能因为不能将理论落地而产生摸不着边际的感觉。

作为一种新的职后教师培训模式，它体现了学历提升和教师培训的较为完美的结合。（以上内容详见本书第六章）

三、研究结论

关于教师职后培训中的问题，无论是大问题，还是小问题，要获得解决，都是需要多方一起努力的系统工程。

本课题研究的基本结论是：

现有的教师职后培训，其整体情况还是比较令人满意的。它对提高教师的学养起了积极的作用，提高了他们的课堂教学水平，也提升了他们培训教师的资质。高层次培训给出了教师培训的样本，从教师的反思中可以看出，他们在自己参与培训的过程中对培训有了真切的体会，他们中的有些人几乎成了培训专家。

培训对教师的科研活动也是有促进作用的。同时，培训是教师得到外显性专业提升的阶梯，使他们在职称晋升、获得荣誉称号以及担任形形色色的社会兼职等方面有了更好的发展。随之而来的，是在语文专业领域内的知名度越来越高，在参与各种语文活动中所起的作用也越来越重要。外显性的专业提升使教师得以充分享受事业成功的成就感。

要切实加强教师培训研究和中小学教学实践研究。理论上来说，教师教育研究涵盖了教师培训研究，但事实上，关于教师培训部分的研究还不充分。长久以来，教师培训实践红红火火开展着，但相应的研究滞后。关于中小学实践研究，"研训一体"，似乎是解决途径之一，但是"研训一体"框架下的研究，其深度和被认可度还有待发展。因此，无论是教师教育理论研究者还是实践工作者，都需要从不同层面深入研究培训主体、培训内容、培训方式等各个方面的问题。

要健全和发展教师培训相关标准。《教师教育课程标准》将是我国教师教育领域的第一类标准，但其对于在职教师教育而言，可能作用范围有限。与此同时，教师培训机构标准、培训者能力标准（也许应分类）、教师培训项目标准也应该尽快获得研发。研发的过程本身有助于深化教师培训研究，其成果则有助于教师培训实践的规范和"教师培训真正体现其'专业特性'"。

要加强培训者队伍的建设和发展。正如改变基础教育我们寄希望于一线教师的发展一样，优化教师培训，我们也要寄希望于培训者队伍的发展。目前上海市承担教师职后培训任务的，主要是各区的教研员，但对这一级的培训反映有时不太理想。要让培训者有了较强的思考能力、发展能力，教师培训才有发展的动力。培训者队伍的建设和发展，包含了培训者多元队伍的建设和管理、培训者持续的专业发展等诸多问题。

"带教式"培训应该向有组织、有计划方向转变。"带教式"培训可能还会在我们的教师培训中存在很长时期，工作坊的形式值得探究。因为这种有组织、有目标的培训，比随便跟一个"师傅"，学一点上课技巧要有效得多。

区级层面的教师培训应该在课程的系统性上有所加强。也就是说，对于区级的培训单位来说，必须有一套完整的课程，确保教师可以获得全面的培训。

案例式培训模式值得推广。从教师职后培训的内容组合来说，案例式培训因其具体、可感、接地气的特点，最受老师们的欢迎。从实际教学案例出发来进行研究探讨，能促使教师以理性的态度去面对自己的教学，把它作为一个问题研究的案例来准备。它充分体现了学科教学的性质特点。学科教学不同于教育学、课程与教学论的地方，就在于它是一种建立在实践操作基础上的理论研究，或者说是理论指导下的实践性研究。从实际教学案例出发的研究探讨正符合学科教学的这一特点。同时，它也充分体现了"以学生为主体"的教育理念。在学习过程中，学员的主体作用发挥得非常充分。提供什么课例、研讨什么问题，都是由学员提出后讨论决定的。每一次活动，都有一位学员既是课例的提供者，也是活动的组织者，负责整个学习过程。其他学员也各有分工，有做课堂实录的，有写听课感悟的。观察课堂时也分成数个小组，分别关注教学目标的达成度、文本分析是否到位、学生学习情况等。教师成为学习共同体中的一员。由于学员真正成了学习活动主体，教师在其中的作用，就不再是组织者、教育者，而是这个学习共同体中的一员。

目 录

第一章

关于教师职后培训情况的调查

党的十八大在"努力办好人民满意的教育"的总方针下，特别提出要"加强教师队伍建设，提高师德水平和业务能力，增强教师教书育人的荣誉感和责任感"。职后培训是加强教师队伍建设的重要途径，是教师在岗后必然要经受的培训，是教师教育的一个重要环节。"教师教育应该是涵盖了职前、职后在内的一体化的教育，单靠职前的一次性终结型的师范教育是不够的。教师的专业发展是贯穿于职前培养和职后进修的全过程的，一体化是教师专业发展的必然要求。"[1]《中（小）学教师专业标准（试行）》（征求意见稿）的基本理念中也都有"终身学习"的要求。从中央到地方，不断有相关政策文件出台，如《教育部关于大力加强中小学教师培训工作的意见》（教师〔2011〕1号）等，均对教师培训做出了重要部署。根据这一基本理念，全国各地每年都有大量教师在接受各级各类的职后培训。多年来，我们承接了大量的教师培训任务，在实践中积累了不少经验，也遇到了一些问题。比如，教师培训对于教师的专业发展究竟有多大作用？教师的专业发展有哪些带有普遍性的问题？教师职后培训应该有哪些基本原则？培训的内容和形式有什么特点？有哪些行之有效的培训模式？等等。为此，我们深深感到有认真进行理论研究的必要。同时，由于师范院校有自己的学历教育任务，很

---

[1] 教育部师范教育司.教师专业化的理论与实践 [M] 北京：人民教育出版社.2003.1

容易将学历教育作为自己的主要工作，教师培训往往成为某个机构操作的事情；同时，具体担任培训课程的教师也比较容易视培训为临时的、额外的任务，除了关注自己所教的课程外，较少关注整个学科的培训课程以及其他有关培训的问题。这种情况造成教师职后培训系统性不强、指向不够明确、学术含量不高、引领性不强等问题。这就非常需要我们高屋建瓴，从教师专业发展的角度，对以往培训的有效性进行调查总结，让今后的教师职后培训更加节能高效。

为了对教师职后培训的情况作深入研究，我们对近年来参加培训的部分教师进行了问卷调查。本次调查从2013年10月开始，历时一年多，对山东、山西、河南、河北、福建、广东、安徽、甘肃、吉林以及上海市等九省一市的近千名进修教师进行抽样调查。样本为：青岛胶州41人，福建长海小学教师65人，河北国培班（初中语文）58人，山西国培班（初中历史）80人，上海市杨浦区国培班50人，上海市黄浦区卓越教师进修班28人，郑州中原区小学语文教师60人，吉林省第二实验学校教师61人，东北师大附中下属三个初中学校教师33人，东北师大附中高中部教师25人，东北师大附中净月校区教师32人，郑州市中原区小学语文骨干教师66人，兰州市中小学骨干教师45人，蚌埠市小学语文骨干教师42人，深圳盐田区小学骨干教师29人，浙江余姚低塘初级中学教师21人，浙江平湖教师17人，浙江余姚高中骨干教师110人，安徽实台中学教师39人。

调查对象全部是正在接受培训的教师。有的是教育部国培计划的受训学员，也有一些在其他形式的研修班中接受培训的教师。从人员组成来看，有来自一个省份的、一个地区的教师，也有来自一所学校或几所相关学校的教师。从任职情况来看，初中、高中和小学都有。从学科来看，有一部分是语文教师，也有其他学科的教师。教师的身份大部分为教研组长或骨干教师，也有一般教师。

调查采用问卷形式，不出现姓名、工作单位等信息，以确保反馈信息的真实可靠。共收到有效问卷599份。

本次调查的问题主要分为两大方面：

一是关于培训效能。我们参考了Krikpatrick评价模式[2]，从反应评价、学习评价、行为评价和结果评价四个层次进行考察。二是关于培训模式。包括培训内容的组合、培训的形式等。设计这两方面的问题，主要是为了获取关于培训的基本信息，便于在此基础上，做更深入的研究。

作为基础，我们首先对教师职后培训的频次进行了调查。

从调查中可以看到，老师们都在接受定期或不定期的培训，大部分教师每学期都在接受培训，至少也得每年一次，两年一次的已经不多，三年一次的更加少见

[2] 参见 [美]Thomas R. Guskey 著 . 方乐等译 . 教师专业发展评价 [M]. 北京：中国轻工业出版社 .2005.2

（2.8%）。只有一位教师说，他从教20年只接受过一次培训。由于缺少个人信息，我们无法作更深入的调查，但这个只占到0.1%的个例，应该不影响教师培训的整体情况。总的来说，教师参加培训是持久且高频次的，充分说明职后培训在教师的职业生涯中占据了非常重要的地位，我们没有理由不给予充分的重视。

一、培训效能调查及其结果

反应评价

此项评价主要关注学员对评价项目有什么样的感受，判断他们对所得到的培训项目的满意程度。为了判断实际需要，我们不直接询问，而是调查教师参与培训的态度。我们把态度分为积极的、响应的和抗拒的三种，选项分别为"能参加就参加""让我参加就参加"和"能不参加就不参加"。

调查结果显示，老师们对参与培训大多处于积极状态，"能参加就参加"的比例基本保持在90%左右，有的地区甚至高达98%。相对而言，处于发达地区的上海教师态度反而较冷淡些，部分教师选择了"让我参加就参加"的响应态度，但积极度高的仍大大超过半数。

在这项检测中，对教师培训持抗拒态度的仅为3人，基本可以忽略不计。

由此可见，尽管教师每学期或每年都在参加教师培训，但并未感到厌倦，他们对培训整体上是满意的，是感觉有收获的。

学习评价

此项指标测量经过培训的学员所获取的知识、技能和态度。由于大多数培训项目力图增进知识和技能或改变态度，这个层次上的评价应关注项目如何有效地实现这些学习目标。这需要更加细致的工作，本次调查我们仅让学员回答通过培训在哪些方面获得好处，给出5个选项："增加学养""晋升职称""评优评奖""提高教学水平"和"没有"。第二、三是干扰项，看教师有没有陷入相应思维误区。调查结果显示，绝大部分教师都觉得培训能使自己"增加学养"和"提高教学水平"，老师们普遍认为，晋升职称、评优评奖等不属于学习收获，不认为会在培训过程中发生明显的变化。"增加学养"比"提高教学水平"多出8个百分点，可以说明，培训让学员感到最有收获的是增加学养。

行为评价

行为评价就是考虑学员日常工作行为由于培训而变化的程度。该层次关心工作行为实际上产生了多大程度以及什么类型的变化。

我们从教师培训对专业发展的有效度展开调查，结果显示：大部分教师认为培训对他们的专业发展是有效和比较有效的。觉得培训完全无效的教师为极个别，可以忽略不计。（见图表1）

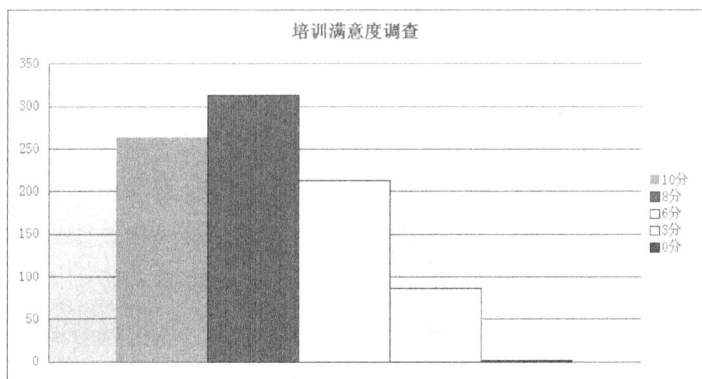

图表1

结果评价

Krikpatrick评价模式是全世界商业培训项目的评价基础，它的结果评价是直接考量商业或工业的底线的。基于它与教育的直接相关性，我们借鉴它的方法，将这项评价指向教师专业成长的可定量部分，比如：职称晋升，论文发表数等。这个数字我们将在另外一项跟踪调查中获得。本次问卷调查暂不涉及。

二、培训模式调查及其结果

选拔方式

用什么样的方式选派教师参加培训，与培训的实施以及最后的效果是有直接关系的。根据调查情况，目前参加培训的教师大多是被推选的或被派出的，两项合计，占86%。尤其是被派出的，占了总数的63%。但在问及"您最希望的培训选拔方式"时，"被派出"却只占18%。也就是说，大部分被派出参加培训的教师并不认可这样的方法。郑州市中原区的初中语文教师培训班，有47名教师是"被派出"的，但他们中却没有一个希望是"被派出"的。整个班66名教师，也没有一人是赞同"被派出"的。就整体情况而言，老师们最希望的方式是自己申请（22%），其次是"轮流"（20%）。最不受教师欢迎的是"被推选"（16%）和"被派出"（18%）的方法，在各种选拔方法中处于末位。也就是说，我们采用得最多的选拔方式，恰恰是教师最不喜欢的。

值得注意的是，与其他单位大多采取派出式不同，上海市黄浦区的卓越教师培训计划，采用的是自己申请和领导审核相结合的方法，让老师们很有兴趣，超过半数的教师是自己申请参加的。这批教师在"最希望的培训方式"中也大多选择了此项。这是调查样本中仅有一个现实选拔方式和教师最希望的选拔方式相契合的例子。这个班赞同"被派出"的人数也是零。

老师们希望自己来申请参加培训，原因应该可以想象：自己申请的一定是自己想要的，比"被派出"当然更好。问题是：培训单位为什么不采取这种方法呢？本次调查未涉及这方面的问题，我们推想有下列几种可能：

1.图简便。培训名额如果是上级单位下达，下级单位往往挑几个教师一送了之。假如要自己申请再审核的话比较麻烦。

2.要掌握主动权。有些学校领导对培训教师寄予一定的希望，甚至把派出培训看做是一种荣誉。自己申请的教师未必合领导的意，合意的又可能不申请，所以就直接派出。

3.怕无人申请。教师工作繁忙，在没有一定压力的情况下，能否主动申请参加培训是个问题，所以有些领导就干脆不采用这种方法。

如果以上推想正确，那么，改变这种情况是理所应当的。改变的抓手是从消除教师职业倦怠感做起。一方面尽可能地激发教师自我提高的积极性，另一方面采用适当的行政措施，给予一定的压力，迫使教师对参加培训抱有积极态度。当大部分教师都会自觉申请适合自己的培训项目时，领导就该给予积极支持，当然也可以再从中作出选择，适当调整。

从老师们的选择可以看出，自我意愿是被放在第一位的。当自我意愿不起作用时，他们更能接受的是"被推选"。因为"被推选"毕竟是多人的意愿，不像"被派出"，仅仅是领导的意愿。而且"被推选"的过程中，很可能还包含着某种荣誉感，比起领导的肯定来，有些教师更愿意获得同伴的赞许。

另外，还有一组数字对比起来看也很有意思：我们现在的培训，基本没有明确为度假式教师培训的，但却有24%的教师表示希望有度假式培训。所谓度假式培训，是指完全由受训者自选并自己承担费用，培训单位在安排旅游度假的过程中插入一定的培训课程。这应该是可以尝试的一种新形式。事实上，大部分的培训活动都会或多或少、或公费或自费，或公开或隐蔽地捎带一些旅游活动。与其这样，不妨尝试度假式培训，让教师度假活动变得更加充实，更有意义，真正地修养身心。

组班方式

对于教师培训的组班方式，除了上海黄浦区卓越教师培训班有超过一半的教师选择了混合班，其余不论是单科班还是混合班，几乎一边倒地倾向于分学科（87%）。这里有几个值得思考的地方：

1.为什么老师们都觉得分学科培训好？

这个问题比较好回答，因为分科培训显然针对性更强。相对混合班所提供的各科教师的交流机会而言，更多教师还是倾向于更多地关注本学科的内容。

2.为什么老师们都觉得分学科培训好，而我们所举办的培训又恰恰是混合的多？

这里主要有两个因素在掣肘：一是精英思想，二是资金问题。不少领导觉得派出培训，尤其是派到高校、较远省市培训，是一种专业待遇，并非所有教师都能享受，必须是骨干教师出来，回去才能起骨干的带头作用。同时，由于资金限制，学校或者地区，不大可能对教师进行全员培训；或者，即使是全员培训，也不是统一的，而是有等第的（最高等级的可能去国外，其次去国内的其他地方，最低等级的就在本校等等）。因此，总是只能有部分教师参与同等的培训，如果再细分学科，人数相对更少，培训成本就更高。所以，大部分培训单位会把各个学科的教师放在一起，组成混合班。既保证开班人数，又不至于涉及面太窄。但这种组班方式的局限性也是相当明显的。

培训地点

目前教师培训主要在三处进行：一是在本校进行校本研修，二是在各地的进修学校，三是到高校。老师们大多数选择的是高校（75%），说明这些年高校在基础教育教师培训方面所做的工作是得到老师们认可的。第二位是在本校培训（14%），只有11%的教师希望在进修学院参加培训。各地的教师进修学院（学校）是教师培训的主要基地，教师的认可率却如此之低，这是一个比较严重的问题。高校之所以吸引教师，固然可能与其的学术地位有关，但两个数字之间的差距如此之大，相信还是有些值得我们思考的问题的。同时，认可在本校培训的人数也比认可在进修学院（学校）的多，应该说是从一个侧面暴露出进修学院的某些不足。

内容组合

根据近年教师培训比较常见的模块组合，我们设计了一些内容让老师们做多项选择，结果如图表2：

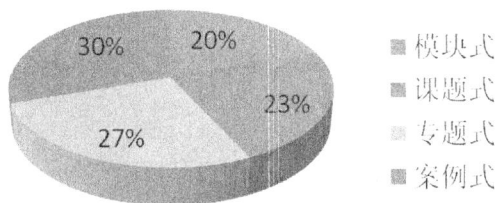

图表2

从上图不难看出，培训内容的各项组合方式受欢迎程度相对比较平均，其中最受欢迎的是案例式组合（30%）。案例式组合帮助教师进行教育科研，受欢迎是情理之中的。课题式和专题式组合也比较受欢迎，分别为23%和27%。但模块式组合如此受到冷落有点出乎意外。因为近年来的教师培训，基本采用的都是模块式组合。个中原因还有待进一步调查研究。

培训形式

在调查表所提供的五种培训形式中，影子式培训可能对一般教师来说还有点陌生，所以选择的人很少（5%），其他几种形式，如参与式、研讨式、展示式等都是受欢迎的，所占比例分别为27%、29%和19%。比较意外的是讲授式培训，居然也有20%的教师表示欢迎。可见"讲授"并非像有些人所认为的那么"不得人心"。不少教师对提供的所有形式都表示欢迎，说明这些形式在教师

培训中都是可行的。（见图表3）

培训形式调查

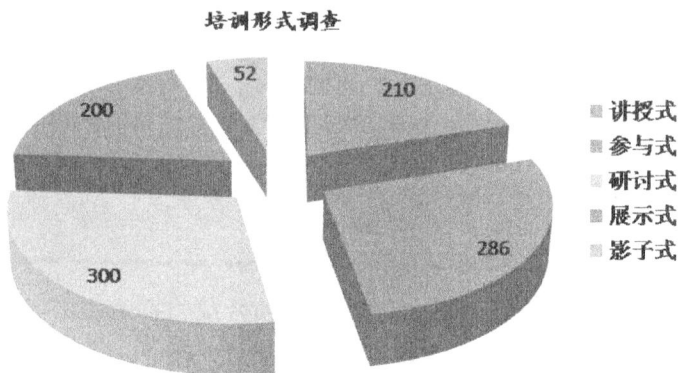

- 讲授式
- 参与式
- 研讨式
- 展示式
- 影子式

图表3

　　根据以上调查结果，初步可以得出的结论是：现有的教师职后培训，其整体情况还是比较令人满意的，它对提高教师的学养起了积极的作用。但在选拔方式上恐怕需要有较大的突破，传统的选派式进修在调动教师积极性方面所起的作用不大。从组合方式来说，分科培训显然更受老师们欢迎；高校是老师们首选的培训地点。从内容组合来说，案例式可能是因其具体、可感、接地气的特点，最受老师们的欢迎。从形式来说，传统的讲授式培训仍是老师们可以接受的，只是和参与式、研讨式、展示式等互动性更强的形式相比，其受欢迎程度略低而已。影子式看似受了冷落，但很可能不是其本身有问题，而是老师们没有体验、甚至没有听说过的原因。

如何推动选派方式的改革，创设最受教师欢迎的内容组合和培训形式，是我们要继续研究的问题。

参考文献

1. 教师专业化的理论与实践 [M]. 北京：人民教育出版社.2003.1

2.[美]Thomas R. Guskey 著. 方乐等译. 教师专业发展评价 [M]. 北京：中国轻工业出版社.2005.2

3. 麦克·F·D·杨主编. 谢维和、朱旭东译. 知识与控制 [M] 上海：华东师范大学 2004.3

第二章

教师职后培训
（国家级培训华东师范大学培训点）
跟踪报告

　　本报告以参加教育部"跨世纪园丁工程"国家级培训（华东师范大学培训点）的学员为跟踪对象，向他们分发调查问卷。为了更好地总结语文教师职后培训的经验教训，从中发现语文教师职后培训的规律，推进语文教师职后培训的健康发展，于 2014 年 4 月在北京广渠门中学召开了"语文教师职后培训模式与效能研究"学术研讨会。由项目负责人王意如教授作主报告《"语文教师职后培训模式与效能研究"的意义和行动计划》，然后以"我的职后培训之路"为主题展开了研讨。

　　根据会议研讨的内容和本次调查收回的调查问卷，我们发现，职后培训，尤其是类似国家级培训这样的高层次培训，对教师的专业发展有非常明显的作用。下面分几个方面来进行陈述：

1.以职称晋升等为表现的外显性专业成长

　　从教师专业发展的角度来说，教师的专业成长有两条线索：一条是内在的，隐形的，即教师业务水平的提高；另一条是外显的，可视的，比如职称晋升、职务提升、社会兼职、荣誉称号等。两条线索之间存在着内在联系，业务水平的提高是获取外在可视性提升的基础。教师专业水平的高度在一定程度上决定他是否能够获得相应的职称、学术地位等。

1.1 职称晋升

　　调查发现，受训教师外显性专业成长非常显著，普遍获得了职称晋升和职务提升。在接受调查的 16 位教师中，1 人从培训前的一级教师晋升到高级教师；2 人职称无变化（培训前即为特级教师）；13 人获得了特级教师称号，其中 4 人为正高级，1 人晋升为教授。也就是说，几乎百分之一百的受训学员都晋升了职称，而且绝大多数都晋升到了职称的最高等级。

1.2 社会兼职

受训教师或多或少都担任了一定的社会兼职，如：

1.2.1 市、区的学科带头人

袁志勇　北京市语文学科带头人。

岳青林　上海市长宁区优秀学科带头人，长宁区语文学科中心组成员。

1.2.2 任职学术团体

欧卫国　全国新语文教学研究委员会理事，广东省中语会理事，广州市中语会副会长。

袁志勇　第四届中国写作学会青少年写作研究专业委员会学术委员会委员。

黄孟轲　浙江省课改学科教学指导小组成员。

岳青林　上海市长宁区语文学科中心组成员。

1.2.3 担任职务评审专家

岳青林　上海市中小学教师任职资格评审组评委，上海市长宁区中学中、高级教师职务任职资格评审组评委，青浦区高级教师任职资格评审组专家组执行委员。

郭铁良　北京市语文高级职称评审委员会副主任，北京市教委特级教师评审委员会语文学科专家组成员，北京市海淀区高级职称评审委员会副主任。

1.2.4 高校兼职硕士生导师

岳青林 华东师范大学免费师范生导师。

1.3 荣誉称号

黄孟轲　宁波市首批名教师，浙江省功勋教师，全国"五一劳动奖章"，全国模范教师，全国优秀教师等。

欧卫国　全国语文教改先进个人，广东省南粤优秀教师。

刘运秀　享受国务院特殊津贴，首批霍懋征奖，全国优秀语文教师。

袁志勇　北京市宣武区优秀教师，"2006 年度宣武区文明标兵"，北京师范大学荣誉校友。

2. 语文教育活动中的作用和地位

一个优秀教师应该是能够发挥辐射作用的，要在自己的专业领域内产生影响。在调查中，我们发现，受训教师在提高专业水平的同时，也都在各自的领域内发挥着重要作用，参与了各项有关语文教育的重大任务。

2.1 教育决策和教材编写

黄孟轲　参与浙江省高中语文教材选定、高中语文教学指导意见研制、语文知识拓展类选修课框架起草等工作。

刘运秀　独立撰写《中学超常教育语文教学大纲》，并参加人民教育出版社及北京市 21 世纪基础教育新教材编写。

2.2 考试命题

应永恒 参与福建省高考语文命题，福建省高考语文命题专家组成员，福建高考语文命题审题组组长。

郭铁良 北京市人事考试中心公务员考试专家组命题成员。

3.课堂教学成果

课堂教学方面，这些教师取得了令人瞩目的成就，形成了卓有影响的教学品牌。比如，郭铁良教师在中央电视台、中央电台、中国教育电视台和北京电视台、中国远程教育中心等单位讲授高中作文，指导高考复习。并多次应教育主管部门的邀请给北京以及全国二十几个省市的教师讲授作文教学经验。应永恒教师有关"省时高效的高考复习策略"的讲座数百场，惠及八闽大地数万高中生。

教学的目的在于培养学生。应永恒教师所教班级曾平均分超过省高考语文第一名学校 3 分，他的学生中有获得省高考语文最高分的，还有在高考中写出满分作文的优秀学生。

羊刚从 2001 年到 2009 年，完整带完三届学生，所带班级学生语文素养优良，作文竞赛以及会考、高考成绩令人瞩目，其间创下的一些纪录，至今仍是青年同行赶超的目标。

黄孟轲每届所教班级学生成绩优秀，指导的 14 位学生先后获得全国新概念作文大赛一、二等奖，其他全国、省级作文竞赛奖项三十多个。

刘运秀任教北京八中少年班，多次高考成绩平均分居北京市第一。

4. 教育科研成果

与一般教师相比，这些教师在教育科研上的成果尤为突出。

4.1 出版专著

蔡伟教师著有《语文课程与教学研究》《新语文教学论》《语文课堂教学技能训练》《你也能成为特级教师》《语文案例教学论》等专著教材 11 部。

白素云教师的著作《文学鉴赏能力的培养》被列为北京市普教系统重点阅读书目（2004 年），还著有《高中文学作品鉴赏课探究》《名师点拨高考作文》等。

郭铁良教师出版作文专著 26 部，教育专著一部。其中《优秀高中语文教师一定要知道的 11 件事》和《教好高中作文一定要知道的 10 件事》两部专著，《中国教育报》于 2008 年 9 月 2 日第 12 版，用《请试着用"心"经营自己》专文进行介绍，具有较大影响。专著《中学作文教学想象能力的培养》一书，是"北京市委教育丛书"之一，另有专著《高中新课程作文教程》（共三部）、《古代诗歌阅读课本》等。主编著作四十多部，发表论著共 1000 万字以上。

王学东教师出版初高中语文教辅用书二十余种，其中由华东师范大学出版社出版的《高考语文百题大过关》和《中考语文百题大过关》共 7 本从 2003 年第一版问世以来连续畅销十余年，成为教辅类读物中的佼佼者。另外，还著有《有思想地教阅读——让学生学会品读文字真意》（江苏教育出版社2013年6月版）、《让作文教学更高效——王学东写作教学手记》（西南师大出版社2013年8月版）等。

黄孟轲教师著有《中学作文教例剖析与案例研制》《人生平台上的语文》等。

应永恒教师著有《学古文 写作文》等。

刘运秀教师著有《超常儿童成长摇篮》《特级教师讲文言文》等。

4.2 发表论文

撰写教学论文是这些教师的工作常态。其中，蔡伟教师有近百篇论文发表，仅有关教师培训的论文就有：《构建以角色转换为核心的"全动型"教师培训模式》（《课程·教材·教法》2011.12）《校本选修课程建设：教师专业成长的新平台》（《浙江教育报》2012.9.1)、《中小学教师职后培训适切性情况调查报告》（《浙江省基础教育改革与发展年度报告》浙江大学出版社2011.12）《"训前试训"：打造"国培"精品》（《中国社会科学报》2012.5)、《PowerPoint文本框控件在教师培训中的应用》（《师资建设》2013.5)、《从文化角度看学校对教育改革的抵制》（《中国教育学刊》2012.3)、《浙江省中小学教师培训适切性状况调查研究》（《基础教育》2013．3)、《生态视阈中的教师培训》（《师资建设》2013.3)《以对话为核心的教师培训模式探究》（《教育理论与实践》2013.23)、《全息互

动：新型研修共同体的建构——以温州首届名班主任培训
班为例》（《浙江教育报》2012.1.25）《以国培正能量
灌溉教师培训之花——以"国培计划"浙师大高中语文培
训班为例》（《师资建设》2013.4）、《这样的培训才合
教师脾胃——国培计划浙师大高中语文骨干研修班的成功
之道》（《浙江教育报·教师周刊》2014.4.18）

　　王学东教师在省级以上专业刊物发表语文研究论文
三百余篇；黄孟轲教师二百余篇专业论文在报刊上发表，
十余篇论文被中国人民大学报刊复印资料等转载。黄敖兴
教师累计发表教学论文 25 万字，入选《江苏省著名特级
教师思想录》。刘运秀教师在国家级刊物发表论十数篇。
郭铁良教师在国家或省市一级刊物发表论文四十余篇。

4.3 承担课题和获奖

　　王学东　江苏省"十二五"重点资助课题"智趣语文"。
　　黄孟轲　国家规划课题"人生平台上高中中英文写作
探究"。
　　蔡伟　主持完成教育部教育规划重点课题一项，参与
完成两项。
　　白素云"小说教学中创造性思维和艺术想象力的培
养""诗歌多元鉴赏的探究与实践"。
　　老师们的科研成果得到了肯定，获得了大量的科研
奖项。
　　李永茂教师"十五"期间"语文教学中如何培养农
村高中学生的现代人文素质"的专题研究，获北京市科研
成果一等奖。"高中语文（新教材）课堂阅读教学最优

化研究"，被评为北京市顺义区"十五"教育科研优秀成果一等奖，北京市一等奖。"十一五"期间，提出并构建了高中写作教学新系列，最终形成了专著《高中序列写作教程》。其成果被评为北京市教育学会"十一五"教育科研规划课题研究成果优秀奖，"2010—2011学年度北京市基础教育课程建设优秀成果一等奖"。"十二五"期间，在阅读教学方面，根据新课标提出的新要求和课程改革的新形势，确立了"611语文教学模式的构建与实施"的科研课题，后被北京市教育学会、北京市教科院两家批准为市级科研课题。经过三年大胆尝试，不断研究，使得这一模式逐渐走向成熟，其阶段性成果已被评为区科研成果一等奖，正在逐步推广。

郭铁良教师的研究课题"高中作文教学想象能力的培养"在2002年12月被北京市教委评为"九五"期间优秀教科研成果奖。教学论文多篇获北京市一等奖，专著《中学作文教学想象能力的培养》2002年获北京市教委优秀教科研成果奖。近年致力于开发校本课程，出版专著《高中新课程作文教程》（共三部）获2010年北京市海淀区校本课程开发创新奖，2011年11月获北京市优秀教科研成果一等奖。2012年《古代诗歌阅读课本》获北京市优秀教科研成果二等奖。

应永恒教师的教学论文、课题、公开课都得过全国一等奖。

刘运秀教师教学论文曾获全国一等奖、北京市特等奖。

袁志勇教师的《作文思维台阶》获得中国教育学会

第 20 次年会教学论文三等奖；《务实，是教师继续教育的根本》获 2007 年全国教师教育学会论文二等奖；《作文教学中的"细腻刻画"需要梯度支持》获北京市宣武区教育学会论文三等奖。

黄孟轲教师获得浙江省人民政府基础教育成果二等奖；《中学作文教例剖析与案例研制》获得教育部"全国优秀教师教育资源奖"，《人生平台上的语文》获"中国教育学会奖"二等奖。

蔡伟教师参与完成的教育部教育规划重点课题被评为优秀教学成果二等奖（排名第二）。

白素云教师的"小说教学中创造性思维和艺术想象力的培养"2006 年荣获第二届北京市政府颁发的基础教育教学成果二等奖；"诗歌多元鉴赏的探究与实践"2009 年荣获北京市政府颁发的第三届基础教育教学成果二等奖。

4.4 形成语文教育思想

在教育教学和研究过程中，不少受训教师形成了自己有关语文教育的思想。

羊刚"为学生上课"的口号在省内外有一定影响，在文学作品教学、作文教学、考试研究等方面发表意见较多，反响较好。

王学东构建了富有个性的语文教学模式："激趣·启智·寻法"，由此衍生出"智趣语文"。

5. 完成从受训者到培训者的华丽转身

当这些教师来参与培训的时候，他们大都在一线教学，没有介入过培训工作。培训不仅让他们接受了新的信息，而且也让他们对如何培训教师有了直觉上的收获。所以，当他们回到工作岗位以后，便以多种方式，参与了教师培训的工作，完成了从受训教师到培训教师的华丽转身。

有的直接成为培训工作的主持者。比如徐思源教师2007年至2010年一直主持教育部新课程远程培训以及本校语文教师的校本研修。蔡伟教师，主持"国培计划高中语文"（2010—2013）共四期，"国培计划培训者培训"一期；其他省级培训从小学到高中语文及校长培训、培训者培训多项。李永茂教师近四年来，主持的培训活动主要有三个专题系列：高中语文教学、教育科研、班主任工作。主要服务于北京师范大学培训中心、首都师范大学教育硕士生班、新疆石河子大学、曲阜师范大学、教育部国培班、教育部教师培训发展中心、北京市区县骨干教师培训班、宁夏高三语文教师培训班、银川市骨干教师培训班、河南省骨干教师培训班、河北省骨干教师培训班、云南省宝山市高三教师培训班、山东省青岛市高三骨干教师培训班等二十余个单位，共主持活动八十余场。

更多的教师是以讲课的形式参与教师培训工作。比如白素云教师为教师培训开设的《小说教学探究》《阅读教学新思路——以写促读，读写互动》《文学鉴赏能力的培养》；边境教师开设的《高一高二语文教学研究》《高考复习备考策略研究》《高中写作教学专题研究》《高中阅读教学研究》等。郭铁良教师作为区高中兼职教研员每年至少有两次给本区教师讲授教材教法分析课，在青海西宁市给全体教师进行新课程培训，讲授《新课程的实施中教学思想和方法探索》。徐思源教师 2004 年开始至今，每年为苏州市教师新课程培训讲课；十数次为江苏省语文教师新课程培训讲课；还参与了各类省市区或教材出版单位组织的教师培训活动。袁志勇教师 2009 年 5 月完成北京教育学院网络视频系列课程《小学段落教学》；2009 年 5 月完成全国教师继教网网络视频系列课程《说课案例与评价》；2009 年 5 月完成全国教师继教网网络视频系列课程《小学语段习作与评价》；2009 年 5 月完成全国教师继教网网络视频系列课程《小学作文教学设计》；2009 年 5 月完成全国教师继教网网络视频系列课程《小学作文能力评价》；2011 年 6 月完成全国特级教师网视频系列课程《初中三年级作文系列讲座》；2011 年 6 月完成全国特级教师网视频系列课程《初中二年级作文系列讲座》；2011 年 6 月完成全国特级教师网视频系列课程《初中一年级作文系列讲座》。

其他形式的参与。如袁志勇教师 2008 年 9 月到 2014 年担任北京市教委农村中小学教师研修工作站导师，2010—2014 年完成全国教师继教网"国培计划"网上系列答疑多次。

6. 关于培训的反思和感言

6.1 感言

对于教师培训对自己成长的作用，老师们都深有感触。

浙江省湖州中学羊刚教师（首期国家级培训学员）说：回顾个人职业生涯，关键的成长节点都与进修和接受培训密不可分。1982—1985年在浙师大完成本科函授学业，1985年发表第一篇教学论文。1986年3月—6月参加省教委主办、浙江教育学院承办的中学语文教学研究班培训，之后与指导教师林炜彤保持长达三十多年的联系交流，获益良多。1986年后逐渐形成"实、活、和、畅"的教学风格。1988年评为省教坛新秀，1992年评为省优秀中青年教师。2000年参加杭大（浙大）中文系研究生课程班学习，开始在省级语文教研活动中发出自己的声音。2001年参加华东师范大学国家级培训后评为浙江省特级教师，获得到香港交流的机会。我由此认为，参加培训是教师最好的福利，是提升教师职业生涯品质的必由之途。

上海市市三女中岳青林教师（第三期国家级培训学员）说：

教育部"跨世纪园丁工程"语文教师培训项目，为语文教师了解最新语文教育动态，接触名师大师提供了机会；为进行语文专题研究和开展项目研究提供了可能性；为全面提升教师的专业素养提供了平台。这种异地培训方式，开阔了教师的视野，丰富了教师的阅历，提升了教师的能力，是非常实用、有效、切实的培训方式。我万分感谢党和国家能给我们以资金上的支持，感谢培训学校教师的辛勤付出和谆谆教诲。这次培训不仅是我们语文职业发展的一次难忘的阅历，也是我们人生旅途最难忘最精彩的

一次经历。华师大是我的母校。华师大的老师是我永远的
亲人。

江苏省如皋中学王学东教师（第三期国家级培训学员）
说：

教师这个职业需要终身学习，教师的培训很有必要。
2001—2002 年间的国家级骨干教师的培训对我的帮助和
影响很大。

感谢教育部！感谢华师大！感谢王意如教师！

清华附中崔琪教师（首期国家级培训学员）说：

我非常怀念和感恩 2000 年的培训。因为这次集中学
习和研究，让我厘清了许多问题。比如教学目标的设置、
评价一节课的基本标准、语文教师的基本素养，以及在浮
躁的环境中如何弘扬中国文化与保持汉语传统等。以往教
学中存在的许多困惑通过学习，通过与同伴的交流探讨，
找到了答案。

真的希望能够再度与华东师范大学的老师们和当年
的同学们再聚首，共同研讨振兴中国语文之路；畅叙这多
年来的思念与友谊！谢谢华东师范大学！

北京市西城区语文教研员（首期国家级培训学员）
白素云说：

2000 年，在各级领导的关怀下，我们放下工作来到
华东师范大学接受国家级教师培训，虽然只有短暂的三个
多月，但却使我受益终身。

华东师范大学为我们制定了严格的学习计划和课题

研究方案，开设了必修课、选修课、公共课共 14 门课程，创设了良好的学习环境，在那里我们有幸聆听了数位教授高水平的讲座，还近距离和教授们对话，请教专业疑难问题。

反思学习过程，我有几点感想：一是华东师范大学为我们打开了一扇窗。14 门课程的设置，开阔了我们的视野，全面提升了我们的综合素质。二是通过做课题的形式提高了我们的理论水平及教研、科研的意识，在不断的学习实践中，较快地完成了由"教书匠"到科研型教师的转变。三是能够静下心来读书和思考。我的教学专著《文学鉴赏能力的培养》及两项获奖课题"小说教学中创造性思维和艺术想象力的培养"和"诗歌多元鉴赏的探究与实践"以及发表在国家级刊物的多篇文章就得益于在华师大的学习。如果没有 14 年前的国家级培训，也许就没有我后面的一系列成绩。

在此，我要感谢为我们讲过课的所有华东师范大学的老师们，特别要感谢辅导我完成课题研究的马以鑫教师，为我的课题，上海—北京，北京—上海，我们进行了长达一年多的通信交流。我深知，在我的教学成果中，有老师们的智慧和汗水，再一次向我的老师们致敬！

北京市东城区语文教研员（首期国家级培训学员）边境说：

华东师范大学的培训，是我职业生涯中一段永远难以忘怀的日子。老师们个个具有较高的专业素养与敬业精神，两位班主任待学员更亲如兄弟姐妹。同学们大都学养丰厚，又在扎实的一线教学实践中形成了不同的特色与风格。交流、讨论、碰撞、升华，我们在师生、生生的多向沟通中获取着新的知识、思想，也锤炼着自己的教学经验与感悟。

特别值得一提的是，我们在华东师范大学学习中收获的不仅是教学方面的营养，更有人生意义、人类进步方面的思想精华。

北京市第八中学刘运秀教师（首期国家级培训学员）说：

华东师范大学的培训对我个人的进步作用巨大：教授们的授课、上海多所中学听课研讨、科研课题的指导以及全脱产保证的较多的读书时间、同学间的交流促进等使我终生受益。

江苏省苏州市苏州第十中学语文特级教师徐思源（首期国家级培训学员）说：

就 2000 年自身参加教育部组织的第一批教师培训而言，感触很深。能够有三个月时间放下手中的工作专心读书听课，对我们来说是喜逢甘露一般的享受。现在回顾那三个月的学习，还是很感激。一是有那么多博学的教师给我们上课，二是有那么多有成就的学友一起切磋，三是能有机会接触上海和外地的语文教育现场，收获良多。三个月中，静下心来读了不少以前读得不多的教育类书籍，这对我是一次充电；与同伴们的交流也是我视野开阔、认识提升的极好契机。十多年来，有许多想法和做法，现在看来还对路还有成效的，是那时候形成的。

就后来自己参与或主持的教师培训而言，有以下几点感想：

课改开始以后，教师的在职培训受到了前所未有的重视，活动也很频繁。多数应该说是有效的，当然也有一些走过场的现象。

在职教师在积累了一定的实践经验之后，有提升的渴望、学习的需求，这是比较普遍的。

培训方需精心设置课程，既要有前沿的理论指导，也要有实践性比较强的内容，两者结合的课程是最受欢迎的。

作为受训方的教师，要避免功利主义、实用主义的倾向，要从先进理念、前沿理论中汲取思想营养，也要学习联系实际，将学到的理论与自己的实践结合起来，去做创造性的事情。

6.2 反思

福建教育学院应永恒教师（首期国家级培训学员）认为，培训教师的课难上，培训语文教师的课更难上，培训中学语文教师的课尤其难上——因为你要上出网络、教参等材料中不曾有的东西，因为你要上出语文教师不曾有的东西，因为你要上出对一线语文教师实用、适用、好用的东西。

浙江省慈溪中学黄孟轲教师（首期国家级培训学员）总结说：

1. 培训一定要凸显两类知识，一是教育思想、教育观念基础上的学科教学研究探讨，口子可以小一点，请一些真正有思想、有研究实践的专家来讲。

2．关注语文教学的本质问题、疑难问题来做教学实践的学习探讨。一定要请一些真正在教育教学一线的好教师来主持主讲，来共同探讨一些教学的实际问题；可以通过几篇经典课文解读来共同探讨，或通过一些课例教学实践来研讨。

3．就我个人来说，华东师范大学的这次培训真正拓展了自己的知识视野，尤其是一些新的教育思考、教育的新领域的研究等报告讲座听后对我个人影响很大。

4．参加培训的同学之间的交流研讨，对自己也是一个很大的促进。

5．我们上次培训对课堂教学的关注研讨太少，上课、评课方面活动非常要紧，对教师的发展关系较大。

江苏常州戚墅堰区教育文体局黄敖兴局长（第二期国家级培训学员）说：

就上级而言，如当年的教育部和市教育局舍得花大钱，用在教师培训方面；中层则如当年华东师范大学一样，派出一大批有激情、有造诣、懂培训的师资实施培训；那作为基层的学校，就应该创造条件、环境，至少也要给出时间、经费，少以杂事干扰，那"培"和"养"才是实事。

广州大学附属中学欧卫国校长（首期国家级培训学员）说：

重视理念更新，探讨学科前沿理论。

多进行经验交流和教学问题研讨碰撞。

多举办赛课评课等活动。

北京市宣武区语文教研员袁志勇教师（首期国家级

培训学员）说：

真正了解学员缺少什么，切实明白导师该教什么，准确把握培训该怎么教，才能有效支持学员顺利完成培训任务，此，当为所有职业培训师的终生追求！

北京市顺义区李永茂教师（首期国家级培训学员）的感想有三：

一是工作一段之后的培训，便于教师结合自己的工作进行反思，所以效果甚佳。

二是培训内容既要关注大学前沿，又紧密结合中学语文教学实际，才会更有效也更有用。

三是脱产学习的形式少干扰，更有利于学员专心学习，所以脱产学习的形式要好于在职进修。

北京市十一学校语文特级教师郭铁良（首期国家级培训学员）在反思受训过程后，写了下面一段文字：

（参加培训）收获很大，我就把最近几年教学实践中对我启发较大且在实践中能够用得上的几方面谈谈收获和体会。

（一）提高了理论水平，增强了研究能力

第一，较高水平的教授的讲课，提高了认识，开拓了视野：

例如，对待纷繁的当代文学流派，怎样去把握它们，分析它们，是我感到较为困惑的。马以鑫教授的《中国当代文学教学与研究新思维》给我们的当代文学的研究打开了几扇窗。

他系统地介绍了研究的方法。他认为这里的新思维就是新方法。胡适一生多次讲："我的一生最大的兴趣是寻求方法。"他认为研究现当代文学，过去给我们提供的思路有三种：一是寻求挖掘别人还没有发现的：例如，张爱玲热，钱钟书热，还有废名、沈从文、周作人等。过去没有人研究，最近成了热门。二是注意眼前的，最近文学刊物的作品：例如，另类作家，如朱慧；小女人散文（广东）；老男人散文……

第三种就是用新的方法打开思路。这种新方法，主要有精神分析批评、原型批评、女性主义与女权主义批评、形式主义新批评、西方马克思主义批评、新历史主义批评、后现代主义批评、接受美学等。

第二，教科研的理论研究方面，有了一定的收获。

尤其是我听了顾泠沅（上海教科所所长）的讲课。

他的《教育实践研究的方法论思考》，让我很受启发。其中的"上海实施素质教育的走势"一部分：

他总结了上海课堂教学研究的走向：

（1）以学生发展为本，作为整个教育观念的聚焦。从认知入手，发展学生的主动性，从教向学转移，如魏书生。

（2）从情意入手，强调自觉性。以情意来统领整个教学过程。如愉快教育等。

（3）从实践活动入手，培养学生的创造性。如开设活动课。

（4）整体考虑，学生发展为本，即开发潜能，发展个性。

（二）开阔了眼界，增强了信心

这次上海的学习，华东师范大学为我们专门请到了上海第一批特级教师作为兼职教授，讲授语文教学艺术研究课。通过听课，我主要在以下几个方面有了一定的收获：

1. 教师要以学生为本，着眼于语文素养的整体提高。

语文教学最忌讳的是见物不见人，传统的教学文是实的而人却是空的，只重视知识的传授，技能的传授，而忽视人。教语文要把握两个基本点：

第一，要树立培育现代新人的大目标。

教育是知识经济，教育的特点是滞后的效益和超前的意识。20 世纪，人才的竞争是最重要的竞争。社会发展的四大支柱：（1）学会学习；（2）学会做事——首创精神；（3）学会共同生活——共同参与，团队精神；（4）学会发展——要教会今天的学生想到明天。杨振宁教授对邓小平说："中国有一个陈景润是中国人骄傲，而中国有四五十个陈景润，中国就没有饭吃了。"此时印度人在搞实用数学。外国人批评中国人"打工仔的心理"太重。世界银行中有泰国人，有印度人，却没有中国人。因为中国人没有抢占第一的思想。中国的知识分子存在着严重的附庸思想。

语文是培养人才，打基础的，初中是普及教育，高中是文化素质的教育。教育是把人从自然的人培养成为社会的人。因此，要以明天的建设者的要求来教育学生，优秀的教师是把学生越教越聪明。只讲方法不看目标是小得而大失。

第二，要把握语文学科的性质和功能。

　　语文是个大拼盘。是文字学、写作学、逻辑学、文章学的综合体。长期以来，确实是语法学、语言学占主导地位。语文是工具课，是最重要的文化载体，是文化的重要组成部分。不能抽掉情和义的内核只讲语言——外壳。不能将课文碎尸万段。要提高学生的整体水平。

　　第三，弘扬人文，熏陶感染。

　　语文对外是屏障，对内是血液，是黏合剂。语文负载了几千年文化，有辉煌的人文精神，人文是语文的灵魂。因为教育的核心是要塑造健全的人格。因此，教师（1）教课一定要悦目，不能让学生如芒刺在背。（2）要动情，要用你的语言把文章的情意在学生的心里弹奏。例如，《荔枝蜜》中的"我不禁心里一颤"，为什么要"颤"……要考虑抓哪一点能够调动学生的情感。例如，《藤野先生》中的"还有一个我"的凝重的爱国主义，强烈的民族自尊心。（3）要激思。教师要不断地用钥匙打开学生思维的心扉。（4）励志。熏陶感染，关键在于一个"润"字。

　　第四，要拓展学生创造思维的空间，变分析为指导。

　　要打破教师一统天下的局面，教师是引导者，是点拨者，不能代替学生的学习。

　　第五，加强实践，重视积累。

　　听说读写，不能并列，外语可以，汉语不能。对于外国的东西，我们只能做参照，不能机械搬用。例如，标准化试题，自己国内不用，如英国和澳大利亚，我们完全照般。实际上读写最重要。我们培养的是文化人，美国现在搞阅读运动，我们却不读书，现在成了练习＝读书

＝学习＝求知。语言的贫乏，主要是不读书，全在解题。这次大纲突出了读和写。阅读是学生的第二生活，是打开生活仓库的钥匙。

于漪在语文教学中要学生背 200 首诗，要引用到自己的文章中，成为自己语言的一部分，要与书中的人对话。

2．大语文教学的观点

我们在上海期间，参观了上海的一些重点中学，也听了不少的课。给我们总的印象是这些学校比较重视校园文化的建设。有一种大语文的观念。

（1）上海七宝中学的营养大餐

上海七宝中学是一所示范性高中。他们的办学思想就是培养学生的人文精神，把培养语文素质作为根本任务。他们认为，语文的外延与生活的外延是一致的，主张大语文教学。课堂是主阵地，除了讲授课本的内容外，向其他方面拓展：例如，高一是文艺写作讲座，他们请了大学教师和上海的艺术家到校讲课（我们去的那天正好是香港的靳羽西来校讲美容和化妆）。高一的课，其中有 13 讲作为固定的讲座，他们称之为"中学生营养大餐"。

A.教学生读唐诗 B.欧洲油画欣赏 C.金庸的武侠小说鉴赏 D.小说中的都市女性 E.音乐、人生、宗教 F.文学作品中的语言美等等，学生渴望星期五。

高二是语文类的选修。整个高中把社团活动课和传统的语文教学配合起来。

高二的选修课挂牌上课，例如，世界名画欣赏，古典名著欣赏，写作技巧讲座，说话的艺术，趣味逻辑学等。

（2）海宁高中的校园文化建设

我们参观的浙江省海宁市的海宁高中也是这样做的。他们利用海宁人文荟萃的特点，在学校开展校园文化建设。其中有：

A. 名人文化——徐志摩、王国维等

B. 潮文化——钱塘江大潮

C. 灯文化——灯会

将三种文化进行渗透。营造文化的氛围：依靠大学，依靠名人的研究。同时，要在高中，会背100首诗，100首词。办紫薇文学社，给学生个人出专集，共给三十多个学生出了专集。此外，网络文学，提高阅读的品位，办学生阅读之窗，搞话剧、舞蹈，还有一个紫薇剧社。他们还利用星期六下午，观摩各国的经典名片。

他们认为，语文教师应是半个学者，半个专家。

（3）曹杨二中的文化苦旅

A. 生存训练：到南京住宿，自己处理。

B. 文化苦旅：自己骑车去文化名城旅游。

C. 开展阅读活动。

D. 教育内容：培养健全的人格：（1）善待生命——自己、他人。（2）善待社会。（3）善待自然。

E. 解放脑袋：双手、时间、嘴巴。

结 语

就我们所跟踪的参加过国家级培训（华东师范大学

培训点）的教师而言，受训教师对培训的满意度还是非常高的，因为培训确实给他们带来了收获。

首先，培训是他们得到外显性专业提升的阶梯，使他们在职称晋升、获得荣誉称号以及担任形形色色的社会兼职等方面有了更好的发展。随之而来的，是在语文专业领域内的知名度越来越高，在参与各种语文活动中所起的作用也越来越重要。外显性的专业提升使教师得以充分享受事业成就感，因此，培训虽然不能在这方面给予受训教师直接的帮助，但必须能间接地发生作用。

其次，培训促进了他们课堂教学水平的提高。教学水平提高到一定的程度，教师就成为了名师。他们将获得很多额外的授课机会，包括社会团体的邀约和个人的聘请，这为教师带来了丰厚的经济收入。调查中，老师们都对自己的收入情况表示满意，但并不单指在学校的工资收入。

再次，培训提升了他们培训教师的资质。

高层次培训给出了教师培训的样本，从教师的反思中可以看出，他们在自己参与培训的过程中对培训有了真切的体会，他们中的有些人几乎成了培训专家。

另外，培训对教师的科研活动也是有促进作用的。调查发现，这些教师的科研成果都非常丰厚。但教辅类的东西还是占了相当大的比例。如何引导教师在出色完成教学任务（包括让学生顺利升学）之外，对教育本身有更多的关注和研究，是培训中亟需解决的问题。

第三章

"国培计划" 培训者团队
研修项目实施反思

一、背景：让培训者反思起来

2009 年开始，我国教育部、财政部"中小学教师国家级培训计划"（简称"国培计划"）中专列"培训者团队研修项目"，这是我国难得的国家级、全学科、全学段、高层次的培训者培训项目。

仔细推敲 2009—2010 年国家教育部所颁发的有关"国培计划"的文件，可以发现一些概念的演变细节："培训者培训"逐渐为"培训者研修"所替代，"培训者研修"逐渐为"培训团队研修"所替代。概念的变化中实际隐含着理念的日益明晰：其一，培训者群体本身有着一定的培训经验和基础，他们不应当仅仅是被"告知"培训应当如何做，而是需要发挥他们的积极性、主动性，一起来研讨教师培训当如何发展；其二，我们需要关注培训者群体的发展，打造专业的队伍，通过他们整体水平的提高来推动教师培训质量的提升。

参加"国培计划"培训者团队研修项目班的学员，绝大多数有着丰富的培训经历和经验。为了让大家突破发展的瓶颈，华东师范大学培训者团队研修项目组在每一期培训项目启动前、中、后以直接或间接的方式设计了诸多反思环节、场景，并提供发表的机会和平台，调动学员充分、全面、自觉地反思培训的方方面面。

所有环节获得的反思信息，汇集起来稍加梳理后会发现，所有培训者最感困惑的问题主要就是两个：培训什么和怎么培训。

当学员们在指摘他们所耳闻目睹或参与其中的教师培训项目的点滴成败时，笔者作为亲历项目始末的项目组成员，也刻意对这些培训者学员的状态进行着观察和再思考。

于是，从"培训者的反思"和对培训者的观察中，需要重点推敲的关于教师培训的三个基本问题凸显出来：谁在培训？培训什么？怎么培训？

二、教师培训中的三个基本问题及若干子问题

1.谁在培训？——培训者队伍的结构与使命问题

谁在培训？似乎是不需要问的问题，因为我们不缺培训者：各级各类教师进修学院（校）的师训工作者、教研员、高校或相关研究机构的研究者，以及一些优秀的一线教师，都在参与教师培训工作。然而，在实施"国培计划"培训者团队研修项目期间，无论是参加研修项目的"培训者"，还是"培训""培训者"的项目组成员，都遭遇了一些困惑，使得"谁在培训"成为了一个问题。把困惑分类，"谁在培训"问题背后的关于培训者队伍的尴尬也就浮出了水面。

问题一：多元化结构队伍如何协同发挥合力？

2009 年、2010 年，华东师范大学培训者团队研修项目组共承担十三期"国培计划"培训者团队研修项目，其中国家级示范性项目六期,省级项目七期[1]。对象涉及：

---

[1]"国培计划"示范性项目：教育部面向全国选拔学员，招标选择实施单位；"国培计划"省级项目，省教育厅选拔当地学员，面向全国招标选择实施单位，教育部审批。

初中语文培训者、初中数学培训者、高中历史培训者、
培训管理者四个类型。

　　每一期研修项目，我们都会遭遇不同群体学员的不
同培训需求的挑战。在示范性项目学科培训者班中，最
突出的挑战是：其一，高校教师普遍喜欢学科专家深入
探讨学科问题，一线教师普遍关心课堂教学实际问题，
两个群体立场鲜明、关注点截然不同；其二，两个群体
中对教师培训本身的关注度都不如对学科研究、教学的
关注度。在省级学科培训者团队研修项目中，对培训问
题的关注度有所提高，但突出的挑战在于：一线教师同
样只关注自己课堂教学的问题，并且其中不乏几乎没有
培训经验，甚至对培训他人并无多大兴趣的人。出现这
样的需求差异问题，显然与学员自身日常工作中的角色、
身份密切相关。

　　面对不同的需求呼声，不禁让人担心，是因为他们
在"培训工作"中的知能缺失引发了如此明确的、相应
的需求？还是因为他们的职业和身份习惯，让他们习惯
于关心他们习惯了的话题、领域？显然，事实更倾向于
后者。因为，如果是由于培训中的知能缺失，才产生培
训需求，那么两个群体的需求应该彼此交叉才更符合逻
辑，即一线教师更需要学科前沿、理论方面的提升，学
科研究者更需要对一线实践现状的了解和思考。但事实
并非如此。

　　考察教师培训工作在学员日常工作中的位置，2010
年示范性项目的语文培训者研修班和 A、B 两省语文培

训者研修班问卷结果如下：

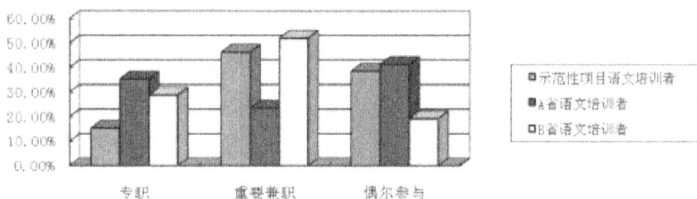

图1 学员参与教师培训工作的程度

从以上图中可以看出，无论是在哪个层面，就参训学员来看，真正专职从事教师培训工作的并不多，兼职和偶尔参与的比例相比之下要高得多。对于后两者，能被选拔进入培训者队伍中来，我们可以不怀疑其专攻领域方面的知识和能力水平，但是对于教师培训工作的认识、意识、情感如何则难以把握了。

这也许就是打造多元结构教师培训队伍的两难。如何让他们发挥特长，又通过合理的互补弥补他们各自的所短，使得教师培训者队伍整体能力结构完备，并且能持续发展？究竟如何处理培训者队伍的多元化与专业性？

问题二：培训者队伍的内部分工如何处理？

在培训者队伍中，除了群体性的身份、来源差异之外，对于部分培训者个体而言，还存在深一层次的角色困惑。曾有培训机构在上报"初中语文培训者团队研修项目"学员名单时犯难，并来电咨询，"谁该来培训？"

具体而言其难处在于：作为一个设计、组织和实施培训项目的机构，其单位内部人员似乎也能前来参加培训，但是冠着"初中语文"的学科规定，是不是只有具有深厚语文学科教学研究背景的人才能来培训，哪怕他／她只是偶尔受邀参加教师培训工作？

与此类似的，2009 年，培训管理者研修班的一位学员在开班首日，在博客上留言：

> 本人所参加的是培训管理者培训班，作为本项目的组织者，应当开始就题解"培训管理者"，说明"培训管理者"和"培训者"的区别，说明哪些岗位上的人员可以定义为"培训管理者"，"培训管理者"在培训项目运作中的工作内容和基本要求有哪些。我以为岗位的准确定义是岗位培训目标科学定位的前提。

虽然，在项目启动之初，无论是在培训管理者班中，还是在学科培训者班中，项目组都分别根据学员角色和项目设计，正面、集中地介绍了每一个项目的研修目标、内容和任务，只是没有刻意比较两者的差异。显然，无论是电话咨询内容，还是博客反思，都是对培训者内部的角色类型有些困惑，甚至都不知道"我"算哪一类？

就着这一疑惑深究下去，在实践中，所谓的培训者其实应该包括四类人员：其一，纯学科培训者，在培训项目中只承担某些培训课程；其二，纯培训管理者，只负责培训项目的组织、管理，不讲课；其三，日常工作以授课为主，偶尔承担培训项目的设计、组织和管理；其四，以培训项目的设计、组织、管理为主，偶尔承担培训课程。教育部"国培计划"区分学科培训者和培训管理者，理论上来说，属于前者的应该为上述一和三两类人员；属于后者的应该是上述二和四两类人员。

于是，我们会发现，即使都是"学科培训者"，有的学员会对培训方案和培训课程都感兴趣，而有的学员对培训方案毫无兴趣。同样，即使都是"培训管理者"，有的学员会始终都关注宏观问题，而有的学员还会对培训内容、方法中的细节问题感兴趣。

在一个研修项目中，不同工作内容的学员有不同的需求，这可能不算什么大事，但在实践层面，如果培训者队伍建设过程中没有清晰的定位和彼此合作的规范流程，那就是教师培训工作发展中需要重视的大问题了。

问题三：培训者角色的基本立足点在哪里？

不同身份、角色的学员置身同一个研修项目中，确实有实施层面的难处，但这也恰恰是让培训者从不同的立场出发共同研讨如何做好教师培训工作的一个绝佳机会。

事实上，通过前期问卷和对学员名单的分析，项目组已经能大致预料学员可能会对研修项目有不同的需求。为此，项目组一开始就为学员奠定下研讨的氛围，并且一再提醒学员从国培项目指南的基本要求出发来要求自己。譬如，虽然大家都比较关心学科研究和学科教学动态，但项目组安排这一板块专题内容的时候，要求学员不是陷入专题内容本身，而是要明确立场和视角："在我后续的教师培训中，如何根据当前学科教学和研

究的基本情况来选择培训内容"。这样的提醒既呈现在
"培训地图"中，也渗透在每日上课之前主持人的"串词"
中。

但是，惯性思维的力量是巨大的，学员还是经常会
纠结于具体内容问题的是非上，作为培训者的思考立场
和反思意识还是弱了一些。培训者应该思考些什么、关
注些什么？培训者之所以成为培训者的基本立足点在哪
里？应该从哪些方面提升自己的能力？看来已经不是一
期培训者团队研修项目本身所能解决的了。

综合来看上述三个问题。谁在培训的问题，理想来
说，应该无关个人身份、背景，关键是其是否符合培训
者应有的能力结构和基本素养。如果能够符合特定类型
培训者的标准，并且能充分发挥其恰当的作用，那么这
个"谁"其实就无所谓了。

2. 培训什么？——培训内容的选择与设计问题

培训什么？似乎是一个不适宜集体讨论的问题，因
为培训内容应当取决于培训对象和具体培训项目的目
标、要求。但事实上，在培训内容选择和设计的方法层
面，也会存在一些共性的思考点或一些基本追求。因此，
"培训什么"的问题不仅可以"集中研讨"，而且应当
引起所有培训者的重视。梳理"国培计划"培训者团队
研修项目中学员的反思、困惑以及无意识中的一些行为
和表现，可以看到，当前教师培训实践中，在"培训什么"
的问题上至少存在如下三点困惑。

问题一：如何让培训内容有"实践味"？

在每一期开班热身中，项目组都会请学员反思自身参与实施或接受培训的所有教师培训项目，举例说明印象最深的满意或不满意之处。在学员头脑风暴和小组交流之后，可以归纳出来，学员关注和反思的不外乎这么几个方面：培训需求和目标问题、培训内容问题、培训方式问题、培训管理问题。其中，培训内容方面的质疑和问题最多，其中给人印象最深的是"实用性""操作性"情结。不妨来看一下头脑风暴时学员写在小纸贴上的文字：

"培训者往往居高临下，他们没有从事或没有经常接触中小学的学科教学，空谈高深理论，不能很好指导实际教学，因而很难产生实效影响。"

"对学科教师的培训，自我感觉针对性很强，但是怎样让培训的内容能促进教师的教学，进而促进教师专业化成长是我最大的困惑！"

第一段话，比较尖锐，从身份来看，说话者显然是一位一线教师出身的"培训者"。一线教师对培训者、专家的质疑应该说不新鲜了，但是在一个培训者团队研修班中，当着那么多培训者的面，如此严厉地加以指责，看来一线老师们确实烦恼已久。第二段话，也不难看出其身份，应该是一位培训者，从其表述中可以看出，在日常的培训工作中，其已经关注了针对性问题，但同样也为"培训内容"与一线教师日常"教学"和专业成长之间的关系所苦恼。

关于"实用""实践""操作性"情结，我们应该一分为二来看：一方面，我们需要请一线教师不要那么"功利"，每位教师面对的具体问题还要请每位教师自己解决；但是另一方面，我们也不得不承认，虽然我们都明了，所有的培训项目都要针对教师的需求，立足于帮助教师解决实际问题，但是有多少培训项目真正始于对教学实践的调研、分析？有多少培训内容是真正立足于对实践的研究？也许，培训中呈现的"理论知识"应该是基于实践研究而专门"生产"出的"理论知识"。

问题二：如何让培训内容框架具有个性？

在 2010 年培训者团队研修项目中，在"培训方案的设计"专题中，笔者安排了一个互动环节，请所有培训者根据自己对当地一线骨干教师的了解，预测当前他们的培训需求，列出相应的培训内容。这个任务每一个人都做了，结果是无论多寡，整体风格都比较一致，目前培训者群体的思维方式和思考结果也都比较一致。且看如下三份代表性的预测和设计（所谓的代表性，是指其他学员可能列得没有那么多，并且以下三位列举的是其他人提及比较多的内容）：

教学班一学员设计：	历史班一学员设计：	语文班一学员设计：
➤ 介绍新课程理念 ➤ 剖析课程、教材、教法 ➤ 观摩有特色的课堂教学 ➤ 引领学科教研 ➤ 引导教师生涯规划	➤ 学科内容前沿问题 ➤ 三维目标设计及其理念、策略 ➤ 新课程下的高中历史学业评价 ➤ 新课程教学设计 ➤ 历史教师的专业发展	➤ 有效教学 ➤ 课标 ➤ 文本解读 ➤ 网络利用 ➤ 中考专题 ➤ 教育科研 ➤ 专业发展

以上三份小答卷出自三个学科的培训者之手，但是我们几乎看不到学科差异。其次，虽然没有一份是"完备"的设计，但比较一下不难看出，大家几乎在演绎相似框架。事实上，这样的话语系统或框架，经常出现在许多具体的培训方案中。但问题是，难道有那么多的培训需要有如此一致的框架吗？即使是演绎同一框架，难道就没有一些不一样的表达？这"不一样的表达"和前文"基于实践问题的研究"类似，也有赖于培训者、学科研究者，乃至一线教师共同去发现既有框架之外、之下，具有个性化的话题。教师培训项目的研究和开发是走向培训专业化的必由之路，所谓"教师培训项目的研究和开发"，最重要的一个环节是培训内容的研究和开发。

但愿我们能看到更多个性化的培训内容设计。培训话题的选择和培训内容的设计，考验着培训者的敏感性和研究能力。

问题三：如何看待培训内容的系列性、逻辑性问题？

在开班热身的反思环节，关于培训内容，还有一个问题，虽然有意提及的人不多，但一旦提及，共鸣者就很多。代表性话语如下：

"培训内容是否应具有连续性，在内容上是否相互有联系，又具有相对独立性。"

"培训内容缺乏长期的规划，无系统性。"

笔者和学员有过交流。事实上，学员的困惑包括两个方面：其一，如何保证一个项目内部，内容之间有一定的逻辑关系；其二，面对相对稳定的培训对象，如何保证相关项目的培训内容之间的合理关系。显然，这两位学员超越了微观的"一个讲座""一个专题"，考虑着培训内容中观、宏观层面的关系问题。

关于一个培训项目内部之间的联系问题。反思当前教师培训实践常态，确实会发现非常普遍的"拼盘"现象，经常因人（专家）设课，而不是因目标、项目需求有针对性地安排内容。培训内容与培训目标、需求之间的关系不紧密、不对称。学员不得不经常在跳跃的信息、知识和专家个人智慧间穿梭。因此，培训设计者们在项目启动之初就需要从内容层面加强"顶层设计"。当然，在一个项目内部，逻辑性的把握也要有尺度。在一级模块层面，逻辑性需要清晰、明确；但在每一个模块下面放哪些小专题，乃至每一个小专题从哪些方面展开，此时则不必再拘泥于逻辑性，而需要更多地从一线实践状况和项目需要出发安排必要的内容。

关于若干个项目之间的内容关系问题。事实上，这已经不是一个纯粹的设计问题了，还涉及培训的管理体制问题。各地的培训者通常面对的是当地相对稳定的培训对象，理论上来说，应该还有一定的规划机会、空间，但以上两位学员的感慨还是道出了事实上的不理想。这里从培训内容层面，隐约地扯出了另一个问题，如何处理各级各类培训之间的关系？如何把一次培训机会给予最需要、最合适的学员？如何有计划地引领特定教师群体的专业发展？这可能是需要教育行政部门、教师培训机构以及中小学校管理者协同合作的事情。

总之，无论是培训管理者、设计者，还是作为一个专家身份参与培训的培训者，都有义务考虑培训内容间的关系问题。前者，应当尽量创造机会让参与同一项目的专家能彼此了解，甚至共同研讨、集体备课；后者，应该主动向培训组织方了解项目背景、过程，以及其他参与同行的授课或活动内容等。

3.如何培训？——关于培训方式的困惑与发展瓶颈

在培训前的在线问卷调查中，偶尔有培训者学员明确提出希望"更新培训观，开阔培训视野，学习更好的培训方式"。也有一线教师身份的培训者质疑"培训者培训手段过于单一，基本上按照讲、听、记的形式进行。直接影响培训的质量和效果"。也就是说，在日常教师培训中，无论是学员还是培训者们，已经意识到培训方式制约培训效果。改变培训方式，是提高教师培训成效的重要抓手。

解析"如何培训"问题，从浅层到深层，存在一系列的问题。关于培训方式的改变和优化，可能需要经历三个阶段：培训者自觉关注、自觉探索；尝试丰富培训方式，提升培训成效；保证培训成效，且影响学员的思维方式、教学方式。

问题一：谁该为培训方式问题"买单"？

在培训前问卷中，自觉、明确提出培训方式问题和相关学习需求的学员其实并不多。开班热身时的培训反思环节，当给出反思支架，帮助学员直面培训方式问题时，学员才普遍承认当前的培训方式过于单一，不灵活。同时，学员也普遍无奈地承认，虽然知道培训方式应该灵活，应该多发扬"参与"的精神，培训中多一些互动、多一些案例，多关注一些一线教师的需求、状态和反应，但是似乎绝大多数培训者都是接受听讲式教育方式成长起来的，自然也就习惯了让自己的学员接受听讲式培训。无论是在成为培训者之前，还是在成为培训者之后，培训者们似乎也没有机会就培训方式问题进行专门的思考或接受专门的培训。虽然全国范围内，在不同层面的培训中，存在参与式培训，但是参与的方式本身并没有被广泛和有效地普及，很多时候还停留在形式层面。

在研修过程中，在一些分享成功培训经验的时刻，偶尔能听到学员提及参与式培训的优秀案例，但在十多期的研修中，有一个让人有些无奈的事实：真正让学员感触很深的参与式培训，主要是一些国外引进项目或国外援助项目。项目结束了，受益的培训者还回味无穷，但当追问"你是否借鉴、发扬了国外同行的培训方法"时，许多学员就表示遗憾了。

是什么制约了培训方式的发展？思维习惯、文化氛围、培训者培养体系？也许都有关。

问题二：改变培训方式从何入手？

培训者们其实普遍希望自己的培训方式能有所丰富和发展，但往往苦于不知从何入手，似乎一切都已经成了习惯和定势，如同性格一样难以改变。

在"培训方案的设计"专题研讨中，笔者给培训者们提供了一份国外成人教育培训者设计培训课程时的自查表。现将问题举例如下：

是否为了教授学习内容而给学习小组的成员们布置过学习任务？

是否将第一项学习任务设计为一个紧扣主题、适合小组成员的热身活动？

是否为了完成学习任务而关注时间问题，避免在有限的时间内安排过多的内容？

是否自始至终运用开放式问题来促进对话？

……

综合看这份自查表，所有问题集中起来体现了一种理念或者说是基本原则：培训内容和培训过程、方法整合考虑。在自查表前面有一段文字："民众教育培训课程是否成功，需要我们经常使用下面这份对能力进行综合测评的行动指标来衡量。"[3]从表达、概念层面可以看出，国外是大课程概念，培训课程设计的过程也是对整个培训实施过程设计的过程。

在十多期研修中，在每一期研修班中，做完这份自查表，通常只有个别人的"否"的数目少于五个，即自查表中所提示的值得尝试的事项，我们往往考虑不到，或做不到。我们通常所说的培训内容设计、培训课程设计，往往都是只考虑知识的选择和组织本身。看来，在我们的培训者群体中，确实要重新梳理一下培训观、课程观。

问题三：如何为学习方式的迁移做好铺垫？

经过开班热身中的教师培训状况反思活动之后，示范性项目之一的初中语文培训者研修班中的张先华教师在博客上留言：

尽管"（我们）怎样教教师"与"教师怎样教（学生）"的对象和内容不同，但是，教育基本理念和方法应有一致性。事实上，我们怎样去教教师，教师就怎样去教学生。因此，我们要强化教师教育的示范性⋯⋯

简洁而铿锵的话语中，一针见血地指出：重视教师教育（包括教师培训），根本的意义是通过影响教师而去影响中小学课堂，影响中小学校的教学质量。于是，讲究教师培训方式，已经不仅仅是为了让学员学得高兴、学得"有收获"，而是要能改变学员的思维方式、行为方式。这给教师培训项目设计和实施提出了深层次的要求。这样的要求能实现吗？

此次"国培计划"培训者团队研修项目，华东师范大学项目组始终希望在群体的反思、参与中，让学员能想到改变自己的培训，间接改变他们的学员的课堂。有学员在参加完三次参与式培训后在博客上留言：

新课程实施十年，新课程倡导的"自主、合作、探究"的学习方式运用不仅有限，而且受到不少人的质疑。以为自主过于散漫，合作缺乏效率，探究没有深度，口诛笔伐者大有颠覆之势。但这一天半的学习，使我更加坚信我们的教育方式确需大加革新⋯⋯我想成人对于传统的培训模式都觉得厌倦，都期望改革培训方式，更何况活泼好动的孩子，怎能忍受教师的"一言堂""满堂灌"！教师需将自己的位置降低一点，再降低一点，直至完全融入到学生的学习活动中去，急他们之所急，想他们之所想。

由此可见，如果我们精心设计项目，精心安排培训内容和培训方式，学员会在收获的同时感悟自身的教学方式。但不得不面对的现实是，面上的教师培训，还做不到如此精心的设计，也还没有形成行之有效的各种培训方式的具体实施策略，尤其缺乏教师培训和中小学教师日常教学相通的教学氛围。

三、小结

从培训团队研修项目实施中的正式或非正式反思，引出了上文所说的教师培训的三个基本问题以及相关的子问题。有些"问题"可能还停留在困惑阶段；有些"问题"从困惑开始触及原因和根本；有些"问题"，解决的方向似乎有了一些眉目，但是还要继续探索。

无论是大问题，还是小问题，要获得解决，都是需要多方一起努力的系统工程。但在结束本文的问题分析之后，仍然忍不住"赘述"一些建议，或者说是提出几点倡议。

其一，切实加强教师培训研究和中小学教学实践研究。理论上来说，教师教育研究涵盖了教师培训研究，但事实上，关于教师培训部分的研究还不充分。长久以来，教师培训实践红红火火开展着，但相应的研究滞后。

关于中小学实践研究，"研训一体"，似乎是解决途径之一，但是"研训一体"框架下的研究，其深度和被认可度还有待发展。因此，无论是教师教育理论研究者还是实践工作者，都需要从不同层面深入研究培训主体、培训内容、培训方式等各个方面的问题。

其二，健全和发展教师培训相关标准。《教师教育课程标准》将是我国教师教育领域的第一类标准，但其对于在职教师教育而言，可能作用范围有限。与此同时，教师培训机构标准、培训者能力标准（也许应分类）、教师培训项目标准也应该尽快获得研发。研发的过程本身有助于深化教师培训研究，其成果则有助于教师培训实践的规范和"教师培训真正体现其'专业特性'"。

其三，加强培训者队伍的建设和发展。正如改变基础教育我们寄希望于一线教师的发展一样，优化教师培训，我们也要寄希望于培训者队伍的发展。本文对教师培训问题的探讨源自培训者团队自身的反思和笔者对培训者反思的再思考。其过程本身说明，培训者有了思考的能力、发展的能力，教师培训就有了发展的动力。培训者队伍的建设和发展，包含了培训者多元队伍的建设和管理、培训者持续的专业发展等诸多问题。

总之，教师培训，需要我们在既有成绩的基础之上，发现问题、研究问题，在解决问题过程中使得教师培训取得更加丰硕的成果。

参考文献

1. 朱旭东. 论"国培计划"的价值 [J]. 教师教育研究,2010(11):7.

2.[美] 简·韦拉. 对话培训法——理论与实务 [M]. 北京:教育科学出版社,2008.132-133.

3.[美] 简·韦拉. 对话培训法——理论与实务 [M]. 北京:教育科学出版社,2008.131.

4. 李瑾瑜. 基于"专业标准"的教师教育:澳大利亚的实践与启示 [J]. 当代教育与文化,2010(11):78.

（本章内容由叶丽新博士提供）

第四章

职后培训的特殊形式："师徒式"带教
——以上海市杨浦区"白云语文工作坊"为例

　　在上海，一位新教师入职第一年的工作，一般是在
老教师的密切监督指导下完成的。……通常这些老教师
会去听新教师的每一节课，并给出他们的指导意见，反
过来，新教师也要学习老教师上的许多堂课。

　　【美】马克·塔克主编．超越上海．上海：华东师
范大学出版社 2013.7.P175

　　和大学的导师制不同，我们不仅在很多特级教师口
中听到了"我徒弟……"的讲述，更在不少文章中反复
见到"师傅"的正式称呼，甚至还有"拜师仪式"。

　　在安徽蔡澄清教师麾下，就有许家澍（芜湖一中高
级教师，在《语文教学通讯》等刊物上发表不少教学文
章，安徽省教育系统五一劳动奖章获得者、芜湖市劳动
模范）、胡寅初（1991 年芜湖市青年教师教学大奖赛
一等奖，安徽省青年教师教学大奖赛一等奖，芜湖市优
秀园丁）、陈军（华东师范大学基础教育特聘教授、特
级教师、特级校长），还有肖家芸、孔立新、汤国来等。

　　在张家港市中小学通识特级教师工作室主持蔡明教
师麾下，有"特级教师 6 名，苏州市名教师 7 名，更有
11 名青年教师迅速成长为张家港市学科（学术）带头人"
（《生态语文，永远在路上——蔡明和他的生态语文团
队》，《语文学习》2013.10 P6）；还形成了苏州市
中学语文教师发展共同体，其中有特级教师 15 人；苏
州市初中语文骨干教师发展中心，苏州市各市区语文教

研员代表；张家港市中小学通识特级教师工作室，张家港市级中学语文学科带头人（7 人），张家港市初中语文学科中心组等。（《像叶圣陶那样教语文——生态语文课堂的缘起与描述》，《语文学习》2013.10 P8）

这种"师徒带教式"的教师培训，开始可能是个别的，零散的，到后来就发展为一种职后培训的特殊形式。初职教师到校后，一般学校都会指派一位有一定资格的教师作为"师傅"，在区和市的层面，则多以工作室的形式出现。在上海，这种"师徒带教式"职后培训的最高形式，就是"上海市普教系统名校长名师培养工程"。

上海市普教系统名校长名师培养工程简称"双名工程"。在经过领导和专家审核后，成立了若干"上海市普教系统名师培养基地"（"上海市普教系统名校长培养基地"不在语文学科范畴内，暂略），承担教师职后培训的任务。

特级教师工作室管理的组织架构如下图：

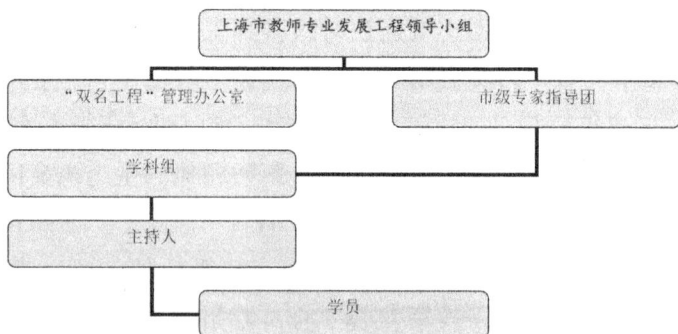

行政上由"双名工程"管理办公室管理，业务则由市级专家指导团负责。

市级专家指导团要进行基地巡视工作（每个组不少于三个基地），参与指导一部分特色基地的展示活动。在专家指导团工作会上汇报各基地综合情况，为"双名工程"基地管理工作出谋划策。

学科管理组负责收《学科组活动方案》，召开工作会,交流和分享学科组活动具体实施工作的安排与设想，组织实施各学科组交流展示活动。

学科管理组召开的专题研讨会内容为：（1）学科组活动实施情况交流。（2）特色基地加速发展的推进研讨（例如采取每学科组推出一个基地的现场研讨），组织一部分特色基地进行现场展示及研讨活动等。

每个基地都有正、副两位主持人。进入基地的学员，均有《学员手册》。

基地的工作形式为——

学员方面

在特级教师基地学习期间,学员必须经过三个阶段:

第一阶段　自我评估

学员在进入基地后，首先要对自身的情况进行自我定位，包括基本情况：如取得的重大成绩，所获的突出荣誉；发展现状：优势及劣势分析；发展目标：包括五年发展总目标和年度发展目标；实施措施：包括教学实践、课题研究、论著写作等各方面。

第二阶段　参与活动

导师会组织开展各种各样的教学研究活动，如有——

邀请大学教授或其他学校的优秀教师讲座，开展教学展示与研讨，举办各类活动等。

第三阶段　形成成果

导师方面

出计划：要有五年的培养计划，也要有年度的培养计划，培训课程表。

做管理：考勤制度、作业管理制度、交流与沟通制度。

自身专业发展：完成课题、论文、课程开发。

量化要求为：

完成学科本体性知识拓展、更新、提升，五年为260课时；条件性知识（教育心理学、学习心理学、课程理论、教育研究方法与方法论），五年为60课时；教育教学实践能力培养，五年为140课时；课题研究、论文写作，五年为80课时；教育考察，五年为40课时；论坛、考核、展示、总结，五年为40课时。

上海市普教系统名师培养基地的成果除了帮助教师较快成长为教学骨干外，也有获得学历提升的可能。如2012年，13位双名班学员进入华东师范大学中文系，两年后（2014年）完成硕士课程和论文撰写，获得研究生学历和教育硕士学位。

在市名师培养基地的引领下，各区也都有特级教师工作室。这种形式，把原先比较松散的"师徒带教"变成了有组织、有计划的"师徒带教式"教师职后培训。

我们以上海市杨浦区教师进修学院语文特级教师王白云的"白云语文工作坊"（以下简称"工作坊"）为例，对这一教师职后培训的特殊形式进行了反思。

一、工作坊运作前的宏观思考——语文教师的身边，到底有多少"问题"同行？

语文教师很难脱离语文环境独立成长。语文教师的身边，到底有多少问题同行？

语文教学等同于课堂教学？

阅读教学等同于讲读教学？

研究如何上好一节课等同于研究如何完善语文教育？

当然不。

可是为什么这些等号在现实中不仅成立而且很难看到打破的希望？

事实上，语文教育在现实中的问题已经远远不再是一节课的问题，或单纯的上课环节与技巧的问题。语文教育的主要问题是"课程"的问题。"课程"是一个综合概念，它涉及标准、教材、教学场境与评价，但独立的标准、教材、教法和评价，并不是课程。所以，单纯研究教法不能从根本上研究课程，单纯地针对教师也很难从根本上改善教师的素养。

　　对"课程"的改善，首先表现在对"教材"的研究与改善，因为"用什么教"比"怎样教"更为前置。当前对教材的研究与改善的趋向有没有？当然有，但是更多的研究与趋向是出于对选文的纠结：如鲁迅作品要不要在教材里存在，《世间最美的坟墓》是不是要换成别的。至于是否要以这样的结构和样态呈现教材，鲜有问津，似乎"教材"生来就当如此。目前的教材一般是选文式。选文式教材自有它的优点：篇幅短小，选文机动性大，教学安排上轻便灵活。但是它的弊端，特别是在"自主学习"和"研究性学习"成为趋向的今天，它的弊端日益凸显。作为学生，他们很难发现课文之间的关联，所以很难通过个人努力对教材做一个有机的统整，也因而很难找到"自主"研究的突破口和支点。作为教师，他们的教学程序几乎完全由课本的序列决定，于是很难有"自作主张"的"自由"。当他们拿着由一篇篇课文集结而成的教材进教室的时候，他们很容易被惯性牵掣，他们所能做的，往往也只是按照课文的先后把课文一篇一篇"教"下去。除了讲讲字词、交代交代写作背景、讨论一下思想内容、写作手法，做做模拟卷什么的，实在也没有更好的事情可以干。一篇篇选文是一个个点，每一个点都轻慢不得，它们牵着师生的鼻子，亦步亦趋，无暇他顾。学生的主动学习和研究学习无从谈起，教师的自主意识和自主作为也很难成型。

　　在"课程"之中，学习场境的形态问题一样不容小觑。什么样的学习场景是理想的场境？理想的学习场景有哪些类型？当今的语文界似乎还没有认真系统地整理过。四百年前，捷克教育家夸美纽斯为班级制教学设置了特定的教室形态，四百年过去，物理化学等学科都有了功能教室，语文学科除了桌椅由木头的变成钢筋高压板，设施上增加了电脑投影仪之类的设备，总体轮廓和形制与功能，基本没有任何改变。"一只讲台对峙一片桌椅"的格局，使走进教室的教师，无论是一流的学者还是最不敬业的教书匠，都会自然而然地开口就讲，而且往往一讲到底，充其量"提"几个学生站起来问问答答，或是要求学生扭过身去进行所谓的"小组讨论"。语文学习，与大自然无关，与文化真迹无关，与浩瀚书海无关，与需要自身"发现"与"体验"也基本无关。这怎么会是好的语文学习？这样场境下的语文教师，怎么会有足够的自信心和创造力？

此外就是课程标准的执行带来的问题。上海市教委教研室 2009 年颁布的《上海市中小学语文课程标准》，要求高中三年学生的课外阅读总量不少于 300 万字；有调查表明，高中三年达到 300 万字阅读量的不足 3%（只对应著作和报刊），87% 的学生在整个高中期间涉猎的名著"少于两本"。《上海市中小学语文课程标准》还要求学生"形成课题意识，能根据自己的兴趣爱好和语文学习目标，确定阅读专题"。抽样调查表明，前几届高中生中就语文学科做过"课题"的，不足 2%；以为"课题"就是"课文题目"的，高达 67%。《上海市中小学语文课程标准》还要求学生"能在学校、班级的活动中，当众作 15 分钟左右的演讲，做到观点明确，阐述清楚，用语规范，语言连贯；演讲时感情充沛，音量适中，能借助语调、手势，产生一定的感染力"。但是，在实际中，接受过专门演讲训练的只有 4%，能够"当众作 15 分钟左右的演讲，观点明确，用语规范，语言连贯；感情充沛，音量适中，能借助语调、手势，产生一定的感染力"的，只有 12%。

教学偏重于精读和写作，考查偏重于阅读写作，真正的教学成效缺少真实评价。母语教学的教育成效，撇开环境熏染和个人修为，从学科教学中学生到底得到什么，得到多少，很难评估，导致很多教育即便零成效甚至负成效，也很难发现。带来的直接影响是，教师的真正有效的自省当然也不存在。

当课程的形态，包括教材的形式，包括教学的形制和结构，都停留在一百年甚至三百年前的格调里的时候，历史的力量跟现代理想抗衡，让语文教育桎梏于传统惯性之中，旧貌换不出新颜，难脱窠臼的语文教育迈着传统裹就的小脚，自然迈不出激越豪迈的步伐来。身处其境的语文教师，自然难免"窝囊"其中。

无疑，保障语文教育的成效，或许应该从改变课堂形制突破、从建构教学内容的课程框架突破、从完备评价的角度突破。在这三个"突破"还"在路上"的前提下，教师的稳健发展，则需要携带"课程"同步前行。
"课程"是教师的生存场，没有课程的改善，教师很难
独立地改善。

二、教师培训，什么是更为坚实的支撑？

与"问题"同行的教师培训，需要坚实的支撑点。

我们需要怎样的教学环境？需要怎样的课程板块？
需要怎样的学习方式？这是教育发展到今天，广大语文
教师必须系统把握、综合理解、有效操作的一切。但这
也正是现在囿于应试、囿于课本、囿于技术层面所形成
的短板所在。培训的目标指向一节课的上法、课堂导入
的技巧，这些无疑是有用的。但是，对于人文学科，对
于语文，特别是对于初高中语文，这些局部和细节的对
应是远远不够的。

笔者曾经对市内 100 名中小学教师做过问卷调查，
64% 的教师表示目前的培训"有点用，但作用不大"，
12% 的教师认为"没有作用"，认为当前的培训能"改
变自己的教学观念和行为"的只有 7%。

在对培训形式的调查中，除教研组备课活动之外，
校本培训和区域培训，93% 的培训形式是"听报告"。

听报告就是传统的讲授式。你讲我听，我听你讲。
讲的内容大抵是官方安排，参加培训也基本是官方要求。
专家常常在报告中说，教育要以人为本、以学定教，但
是报告的内容大多是官方设置，既没有对教师做过问卷

调查，更不是教师当场"点单"。专家们在报告中强调：
"接受信息学"告诉我们，"听讲"的效果在 24 小时
之后只剩下 5%，可是专家们在作报告的时候，往往还
是一讲到底了事。专家们不厌其烦地谆谆告诫：体验才
能激活思维，过程比结果还重要。可是作报告的时候，
多数是把自己事先设计的 PPT 独个儿串讲一遍。这种
理念与实践的悖离，使培训的效力大打折扣，也使被培
训者对培训的兴趣和信心每况愈下。

　　以最保守的方式教导教师要创新，以"灌输"的方
式激活教师的创造力，以"学院派"的作风期待教师优
化自己的实践，自然难免有南辕北辙之嫌。

　　众所周知，成年人是很难塑造的。"经历"和"经
验"往往是他们生命的茧，正如培根所谓的"经验的假
象"。世界近代教育的启蒙人赫尔巴特在近两百年前就
特意针对教师指出："在教育领域，日常的工作、受到
形形色色思想影响的个人经验如此严重地使人的视野变
得狭隘。"经验很容易使人对外界的理念和干预自觉不
自觉地抵制。培训的最大意义只在"唤醒"：帮助教师
把从教之初的教育理想回想起来，帮助教师把他们对语
文教育的最初想象调度出来，帮助教师把他们拥有的默
会知识显现出来，帮助教师重新审视语文课程的所为与
当为。

　　有了反思，还要有研究的能力。教学是实践性的活动，
纸上谈兵顶多只是教学的筹备阶段。所以通常培训中的

"只听不说""只说不做"，一定不是教师培训的最佳范式。从"听中学"到"做中学"，大约是教师进步的不二路径。所以，强化"实作式"的、"现场研讨式"的、"案例生成式"的培训方式，当是当前教师培训的主要方式。

培训背后的支撑是什么？对应教育现状，显然为培训的培训不能从根本上解决教师的"问题"。理性的做法，或许是不仅让教师成为进步者，还使教师成为语文教育的研究者和改良的力量。所以，以"课程"建设为培训背后的支撑，或许是（语文）教师培训的明智选择。

三、"研·练一体"的培训实践，是个例还是样本？

基于现状和理想，在上海市杨浦区教育局和有关专家的支持下，2003年5月成立了有17名学员组成的"白云语文工作坊"培训基地。

与一般的培养基地不同，"白云语文工作坊"打算建设的是一个"实践研究"式的基地，即让学员把学习研究的显性空间定位于课堂、把学习的动机和目的归结为课堂、把问题的展现与进步的表现呈现在课堂。让学员在实践中学习，在进步中实践，亦知亦行，在知与行上高位、高效统一。

"以不教的方式教"，工作坊以此为教师培养的基本策略。如何实现"教是为了不教"？工作坊希望通过三个基本点来落实：想法、做法、说法。引导学员有"想法"——做一个思想型的教师；有"做法"——切实提高行动力，做创新型教师；有"说法"——做有理论素养、有发展底蕴的教师。

（一）学习即创造：以教育史为观照，引导学员突破"经验的假象"，产生"新想法"。

基于工作坊整体的工作设想，工作坊在建立伊始，就在"经验重建"上下功夫。工作坊的学员都是区域中有一定教育教学经验的较为高端的教师，但是经验是财富也是桎梏。经验不经反思和建构，很容易走向经验主义和模式主义。

反思调整的支点是什么？是"历史观照"与"现实调研"。

工作坊建立之初要求学员重点做两件事，一是研读《学记》和《外国教育史》，在"史"的视野中对自己今天的观念与行为定位；二是通过上课评课和调研，发现自己在教育教学理念和方式上的优势和弊端、发现现行语文教育的弊端。

读书是一件很辛苦的事，读教育理论书对于很多学员而言更不轻松，但是对于大多数学员而言，能否从高原走向高峰，"有新想法"是进步的起点。跟学校的学生们一样，学员们也被要求"带着问题阅读"："人类有文明以来，教育的追求都发生什么样的变化？""古希腊、中世纪、文艺复兴时期、近代教育和现代教育，其教学手段、教学内容、教育场景的设置和利用，有怎样的变迁过程？""每一次教学变革，都是一次思想的新生或重现，你觉得对今天的教育而言，其借鉴意义有哪些？"

在这个阶段中，"反思意识"是学员们自我修炼的第一个目标。正如复旦附中李郦所言："一一翻阅过去，既是回忆，也是重新发现。""读出起源、读出脉络、读出高峰、读出前沿、读出历史、读出感悟"，这是对学员阅读提出的具体要求。一本厚厚的《外国教育史》短期内就要吃透颇有难度，部分学员并没有能够按照要求"读出史的概念，线的脉络"，但是每个人都有自己的发现。交大附中学员李德芹深有感慨地说："有一些'点'的精华着实让人感触颇深：比如教育生物起源说所展示的动物或人身上存在的那种爱、种族传承的期待和本能；毕达哥拉斯非功利的灵魂理论；第斯多惠'全人教育理想'对教育终极价值的深刻思考和非凡认识……"

学员们发现，教育从斯巴达的"育勇"，到中世纪的"育能"，再到今天的"育人"，"知识"只是教育某一个层面的内容，关注"思维方式""生命情境"，是教育更为艰巨和重要的使命。从教育环境而言，社会、自然，都是更好的培育学生的所在，"教室"只是其中的一种空间，而且未必是最理想的空间。对于实践性课程如此，对于语文教育也是如此；至于育人手法，"讲读"只是教育手段中的一种，古希腊人认为"辩论"最为有效，中世纪的人们认为"观察""体验"更有裨益。

为了稀释教育史的难度，大部分学员搜索了相关能体现教育史"长度""高度""深度""新鲜度"的书为自己"加餐"。凯慧初级中学的杜梦溪在"读书笔记"中写道："让我深有启发的是《人是如何学习的》（美 约翰·D·布兰斯福特等编著）。这本从大脑、心理、经验及学校角度来对学习与教育研究的书，从学的角度出发，通过对学习者与学习、教师与教学、学习科学未来发展走向对学的规律、学的科学知识进行研究，这些让人不得不从一个更新、更深入、更科学的角度看待学习的过程。"

书，特别是体现"知识图谱"的书，给学员更高的视野和更有力的触动。前人和"高人"的经验，帮助学员看到自己盲人摸象、见风即雨、自以为是的狭隘，也增强了对社会上层出不穷的口号和"现象"的辨别力。在思考方法上，他们开始学会寻找"自我评价的标准"，从"凭感觉"逐步转化到有意识地从《上海市中小学语文课程标准》、心理学脑科学、学科科学三大维度来设计和评估自己的教学。

工作坊设计的另一面反观教学的镜子是调研数据。工作坊联合区域内某示范性高中对高一学生进行调查，调查围绕"学习心理""学习习惯""语文素养""学习态度"四大方面展开，结果表明在现有模式下的语文教学，成效相当不如人意。反映出来的问题，集中在"学习内容乏味""教师讲课不利于思考""课外阅读难以落实""口语表达缺少专业训练""不会学习、不知道如何主动学习"等方面。有些学员对调研内容进行自主开发，如同济中学的忻莉君教师设计了一份较为"微观"的关于"作业"的调查，反映出目前的语文作业存在的诸多弊端。

这些调查，让学员们看到"真相"，也隐约看到改进的方向。基于语文教学的问题涉及教材、教法、教学空间、教学理念等方方面面，一个大胆的假想在学员的大脑中呼之欲出：能否暂停"课堂内"的小修小补、小打小闹，而从课程框架的建设、课程形态的调整、教学内容的优化、学生训练的实境化等方面，切实改良语文教育？

（二）学习即研究。以"课标"为标杆，重整教材，促动学员在"做法"中提炼"看法"。

"反思"的作用是：激发学员在质疑的基础上，在一定的范围和程度内"打破旧世界"，但是真正有效的建设性的作为是再接再厉"建设新世界"。理想的"新世界"应该怎么样？工作坊的理念是：每个教师都应该是自己的"柏拉图"，有自己的"理想国"。工作坊在激活学员们的反思之后，引导大家将课堂分成三种类型：基准课堂、个性课堂、理想课堂。理想的课堂，自然是基于课标、学生的心理特点和生命需要，基于有效的教学管理，既激发学生兴趣，又能扎实强化学生语文素养，同时培养学生良好的学习习惯及思考习惯的课堂。建设这样的课堂的着力点在哪里？心理学"创造需要自由"的理论提供启发，教育学家蒙台梭利提供方案：教师最应该做的，不是"教"学生，而是为教学"设置合适的情境"和"主题"。大家以皮亚杰的儿童心理学和霍华德多元智能理论为基础，提出"教改"的假想图式：小学阶段以"趣味"为核心，以"对话"为主要教学方式，引导学生跟大自然、亲人朋友、文学故事建立"关系"、培育其想象能力；高中以"思想"为主题，要求学生在"主题研究"中学会搜集资料、学会分析、强化思辨和表达……围绕这个假想，学员们分学段讨论确定了"主题单元型"教材的设计原则和内容。比如初中确定的设计原则为：立足教材，重组拓展；突出体系，模块架构；听说读写，能力综合；注重体验，发育思维。单元内容分别是"少年心事""国学初识""唐诗物语"等。从预备到初二，初步设计六个主题单元，计划每学期完成一个单元的模块。

　　高中则以高一高二为对象，将学习内容设置为三大部分。第一部分："学习预备"——用于师生形成学习目标与方式上的共识；确定知识、能力、思维等结构型目标和自主研究的学习方法；传授文献学简单要义；帮助学生；调试学习。第二部分："语文知识与阅读写作与听说"，十三个单元，每个单元都是"基础知识＋阅读篇目＋选读资料"，要求学生在大量阅读的基础上，写作专题文章，进行专门的口语训练。第三部分：寒假暑假的游学（初中是人文行走），地点为山东曲阜、泰山、绍兴等地，由学生研读相关资料，担任导游，回校后再进行系列展示。

编制教材的过程是学员们最感"痛苦"的过程。少云中学的金蕾表示："（自己）从来就不是一个有才气的人，而这次的教材重组恰恰需要一点想法和才气。"但是恰恰是"通过对教材的系统进行适当的调整，以课内导读、课外泛读、人文行走、分享交流为教学路径的一种教学构想，激发学员更关注学生的学习经历和内心体验，更好地激发学生的学习兴趣，启发学生的思维"。（建设初级中学陈慧蓉）"我觉得在这样的活动中，真的是先把自己打散，然后重组起来。"（复旦附中李郦）"多次重组让我进一步深入思考怎么用教材，怎么拓展学生思路，怎么让学生自主学习。"（中原中学施蕾）

（三）实践即学习。激发学员设计合理的课程方案，通过"试验中研究"自主生长。

读书也好，教材编制也罢，这些说到底都是"学院派"作为。教学是真刀真枪的实践，所以离开课堂实践，很难发现真正的问题，也很难发生真正的进步。"白云语文工作坊"在研究总结的基础上，特意设计了"三一"课堂，旨在将基础型课堂、拓展性课堂、研究型课堂融合起来；将传统课堂、阅读课堂、行走课堂结合起来；将听、说、读、写课程目标各自不同的实现路径结合起来；将语文教学的基本知识技能、思维能力与研究过程、学生的人文视野和素养结合起来，让教师专业、课程改良、学生发展同位实现。帮助学员自动、全面的"三一律式"地发展。

"三一律"是戏剧概念，指的是表演时间、空间和行动的统一。工作坊研究名师成长的经验，发现培养教师固然可以从教师的学术素养、教学能力等方面分项强化，但"在行动中提高、在提高中行动"更能快捷深入地促进教师个体的发展。所以工作坊分阶段实施对"语文教学样本"的建设研究。通过在"课程"层面的研究，提升学员对"课程"的理解，引导他们在语言文学方面再阅读、再感悟，激发学员自觉进修心理学、伦理学、教育学与信息理论，优化学员的教学心理和教学技能。

在完成教材"主题单元"的编制之后，工作坊组织学员将"理论成果"迁移到学校进行"培植"，要求学员在自己的学校里使用自己的教材，在为期一个月的改革试验中，把自己前期的设想，在自己的课堂里进行实施。为了保障"移植"试验顺利推进，工作坊要求将"改革风险"最小化——要求学员在实施的过程中设置两个底限，一是语文作业日平均用时不超过一小时，二是年级统一考核的成绩不低于平均水平。底限之上是三大凸显：凸显主题，凸显"自主""研究"，凸显听说读写全面发展。试验教学的技术路线则大致统一：总体上实施"阅读＋写作＋演讲"的框架。每个主题单元的阅读量在2万字（文言文）到30万字（现代文）之间，写作任务是"每日300字小语＋单元报告2500字"，演讲分别对应"有规矩——有材料——有新意——有魅力"四个阶段目标。与此同时，要求学员特别注意调查数据的积累和学生学习状态的观察，切实以"研究"的姿态做教改。

为了便于管理和推进，工作坊还在区域里设置两个综合实验点，作为问题和思想的集散地。在综合实验校，工作坊建设"标准化阅读教室"，将教学空间演绎成"传统教室""标准教室""社会课堂"的组合；在高一五个主题的教学中，工作坊主持人亲身对"研究教学"进行示范；组织调查和研究，商讨教学中的瓶颈问题和细节问题。

学员们说："我感悟到研究是一件异常严谨的事情，言必有物，言必有据。无论是提问题还是下结论，不可有任何的想当然和马虎。"（复旦实验中学 陈晏）

近两年的教师培养的过程中，白云工作坊与黄玉峰教师的工作室联合，组成"云峰书院"，大视野，大讲座，大活动，基本借助黄玉峰教师工作室的资源。"白云语文工作坊"自己设计和完成的，基本是一些"小制作"。但是由于坚持立足现实、坚持"科学依据"、坚持教育理想，工作坊到今天为止，顺利抵达前进途中的一个个目的地。

学员们学会了自我反省——"我不断累积经验，也愿意超越自己，但真没想过自己被经验束缚住了。"（控江中学冷海鹰）"在很长的一段时间里，我习惯了依赖，依赖教学参考，依赖名师教案，依赖师傅的指导。唯独缺少了自己的想法。别人说什么就是什么，很少去质疑，更不要提创新了。"（复旦二附中杨洁）

积累了教研阅历："回瞻过往峥嵘岁月，持敬畏之心，勤勤恳恳，孜孜以求。聚集在'三一课堂'理念的旗帜下，然后郑重地像呵护生命般地酝酿三一课堂的教材：纵贯古今的框架，团队、个人与板块的斟酌，可行性和操作性的反复考量，电子与打印稿件的数次更易……"（杨浦高级中学张燕翠）

形成了自己的想法和说法："在《上海教育》《心理辅导》《新课程》等核心期刊上发表了多篇论文。"（辽阳中学葛琛静）

所做的实验课堂，也将为区域语文教学乃至人文教育提供教改样本。

工作坊的培训活动仍在继续，《高中语文专题学习》（一套 10 本）、《初中语文专题学习》（一套 5 本）和《小学语文专题学习》（一套 5 本）的教材已经出版（上海交通大学出版社 2017 年 1 月），但学员的成长之路还很漫长。

在上海的名师工作室中，"白云语文工作坊"是特色鲜明的。工作坊式的培训，是个例还是样本？像这样"大动作"的培训理念和培训方式，能为语文教师职后培训提供的思考点有哪些？很值得探究。

（本章主要内容由王白云教师提供）

第五章

教师培训：永不衰竭的话题

在上海，教师的职后培训有初职教师培训、常规教师培训和骨干教师培训等形式。新教师到岗后，除了师傅的带教外，还要参与每周一次的培训，时间为一年。一般教师在五年内要完成360学时的业务进修，高级教师要完成540学时。骨干培训则有基地、工作坊等各种形式。这些培训基本可分为三个层级：市级、区级和校级。其中，区级培训的份额最大。

各区都有教师进修学校（院）或类似的单位，专门负责教师的职后师训，对区内教师进行常规性的培训，应该说，区级培训是教师职后培训非常重要的一块。但在调查中，我们发现，大部分教师对区级培训的满意度不高。究其原因，可能主要由于以下两点：

首先，相对其他一些培训活动来说，区级培训是最常规的，几乎是老时间、老地方、老面孔的重复，容易引起倦怠感。其次，区级提供的课程可能不像高校提供的培训那样，容易让教师有"高大上"的感觉；同时，在操作性上，又不一定有鲜明特色。

为此，很多区级培训单位在教师培训的课程设置上下了很大功夫。比如某区负责教师职后培训的单位，在每一个五年计划中，都会对教师继续教育的选修课程进行招标，招标课程将受到高校和特级教师的严格筛选。

以"十二五"的招标课程为例。小学阶段招标的课程有：古代诗文选读、小学语文教材分析与解读（分册）、当下语文教育热点问题研究、语文试题命题研究、小学阅读教学设计、小学作文教学研究、识字教学研究、小学口语交际教学研究、小学语文综合性学习设计与指导、小学写字（硬笔字和毛笔字）指导、小学语文教学五环节、小学生课外阅读指导、新课程理念下的观课评课、中国文化常识导读等14门。

初中阶段招标的课程有：初中语文课程标准解读、初中语文教材解读与分析、语文课堂教学专项技能训练、文言文教学与鉴赏、语文课程资源开发与利用、初中语文试题命制、初中语文教学内容确定与学习策略指导、初中语文毕业班复习策略指导、初中语文写作教学、初中语文有效作业研究、语文课堂教学评价、语文课堂教学观察技术指导、当下语文教育名家专题研究、初中语文教师专业成长指导、当下语文教育热点问题研究、文学领域学术研究前沿等16门。

高中阶段招标的课程有：高中语文现代文篇目的教学内容研制、高中文言文篇目的教学内容研制、语文课程资源开发与利用、古代文学史的语文教学阐释——作为文言篇目解读的背景、高中语文试题命制、文学领域学术研究前沿、当下语文教育名家介绍、当下语文教育热点问题研究、教育哲学与语文教育、高中语文教材（华师大版）阅读教学设计、高中语文写作教学设计、语文课堂教学专项技能培训、高中语文课堂教学案例研究等13门课程。

基层学校的教师可以以个人或团队的形式提出申请，通过专家审核后，可以试开设。课程成熟后，还有精品课程的评选等，有力地促进了区级层面教师培训课程质量的提高。

同时，在对这些课程设置进行系统研究的时候，我们也发现了一些问题。

我们看到，上述所有的课程内容包括课程标准的研读、教材分析、教学研究、测量与评价、学科理论、专业素养、教师专业发展等七部分。从大类来说，是比较全面的。但若要作为教师培训系统性课程，则还有完善的空间。目前的课程设置情况如下图：

课程内容分布

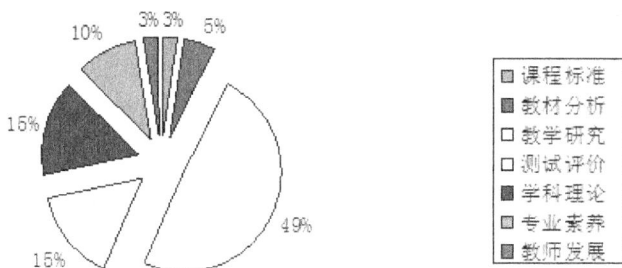

有关教学研究的课程基本为半数。这体现了职后教师培训对教学实践的强调，而且各学段的分布也相对匀称。如图：

教学研究课程内容分布

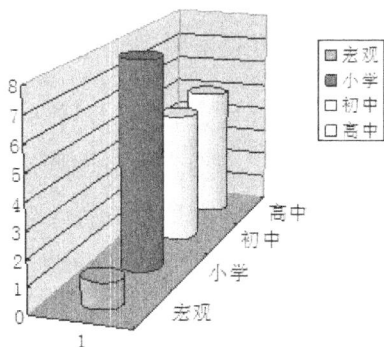

课程内容包括识字、写字、阅读、写作、口语交际、综合性学习等各个方面。

测试与评价也较好地顾及了对教师"教"的评价和对学生"学"的测量。

但课程内容明显存在不够系统、完整的情况。比如，课程标准作为学科的纲领性文件，占比只有3%，实际上就是一门课，而且标明是"初中语文课程标准解读"，小学和高中都阙如。同样占比3%的还有教师的专业发展，也是一门课，且标明"初中语文教师专业成长指导"。占比5%的教材分析也同样存在学段没有全覆盖的情况。

另外，专业素养方面的课程，随意性更大，基本没有内在规律可寻。

这个现象促使我们考虑，区级层面的教师培训应该在课程的系统性上有所加强。也就是说，对于区级的培训单位来说，必须有一套完整的课程，确保教师可以获得全面的培训。

要开设出一整套有系统的教师培训课程，有几个环节是必须做到的：

一、高度重视课程设置

课程设置是完成培训目标的有效手段，是整个培训活动的核心和关键。设置课程既要考虑到培训对象作为一个受教育者的需要，也要考虑到他们作为一个教育者的需要；既要考虑方法层面的需要，又要考虑方法论层面的需要；既要考虑内容，也要考虑形式。每一年的培训都应该认真考虑课程设置，兼顾各方面需要，任何时候都不能把唯一条件作为课程设置的依据。

课程设置中的各个方面必须相互协调，比例得当。这些方面包括：

1. 理论性课程和实践性课程的比例；
2. 学科知识和教学技能的比例；
3. 课堂讲授和其他活动形式的比例；
4. 培训教师和参训对象参与课程的比例；
5. 有组织活动和自主学习的比例；

……

这些比例是否得当，直接关系到课程设置的成败。

就目前的情况而言，重实践轻理论、重技能轻知识的倾向还是存在。不论是培训者还是受训者，都觉得已经在岗位上了，重要的是"怎么做"，理论性的东西作用不大。对长期在一线工作的教师来说，尽管本体知识退化得非常厉害，但还是缺少学习的积极性，认为这些"没用"。我们曾通过活动的形式，检测教师在掌握本体知识方面的情况，设置的问题大多是从课文出发，略微拓展一点，比如："语文教科书六年级（上）有冰心的《忆读书》，里面提到《荡寇志》，请说出它的作者[1]。"对这样的题目，教师往往一脸茫然。不了解《荡寇志》，就无法理解冰心把《荡寇志》和《水浒传》相比较的意

---

[1] 此为华东师范大学语文教育研究中心举办的第十届上海市语文大讲堂中的测试题。

思。即使是和课文分离得更远的知识，对一个教师的学养，以及由这种学养所构成的教学能力也是密切相关的。把非可视性的、非直接呈现的关系视作没关系，是非常危险的、有害的。

这种重实践轻理论、重技能轻知识的倾向一旦体现在培训课程上，课程就必然是琐碎和低层次的。这些课程对教师来说并不是一点收获都没有，或许，也可以学到一点教学上的方法、技巧，但从教师的专业发展来说是非常不利的。教育不是在上课时才发生，而是在我们的一切行为中。当我们的课程设置显示出这种实用主义倾向时，就是在引导教师朝着功利主义方向发展。他们将不再抬头仰望星空，而只顾技能上的提高。而且，靠模仿技法是永远无法培养出优秀教师的。不断更新的本体知识是教师最重要的专业基础，教育理念是决定教师教育行为的根本。"根之茂者其实遂，膏之沃者其光晔"，这个古人在千年前就懂得的道理，我们是绝对不能忽视的。

二、做好顶层设计

由于各区教师进修学院的师资有限，同时也由于的确需要开发基层的课程资源，所以一般都会有各学校的教师参与培训工作。这个方向是正确的。但在操作时，可以考虑先有一个顶层设计。这个顶层设计不是"拍脑袋"的结果，而是经过调研、论证之后的完整的方案。这个方案必须从教师的专业发展出发，包括对教育政策

的学习、对职业性质的认识、对教育理念的理解、对教
学方法的探讨以及专业水准的提高、个人素养的优化等
等。每个方向设置相应的模块，每个模块中设置相应的
课程。用这个方案中的课程向全区教师招标，这样可以
保证教师培训课程的内容是均衡的、模块是合理的。

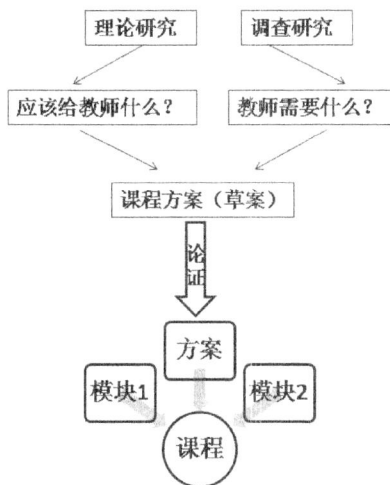

三、培训好师资队伍

从目前的情况来看，基层学校的教师对开设职后培
训课程的热情还是有的，他们很愿意把自己在教学中的
心得和其他教师分享。但由于条件限制，他们比较容易
囿于一得之见，缺乏作为培训课程所应该有的质量。因
此对培训者的培训非常迫切和重要。这里的"培训者"
并非是指专业从事培训工作的人，而是指参与教师职后
培训工作的基层教师，也即本书第三章中所提到的四类

培训人员中的第一类："纯学科培训者"。当我们拿出一套教师培训方案时，有些课程可能很顺利地招标成功，有些课程却可能无人问津。这时，就应该在师资培训上下功夫。

对愿意承担课程的教师要进行资格审查，考察他的学力是否足以承担这样的任务。如果在认识上、能力上有问题、有不足，我们要采取的方法不是剔除，而是培训。通过培训提高他们的基本素养，促使他们对自己所希望开设的课程的理解有进一步的提升，符合条件后再开设。

如果课程无人问津，一般是出于两种情况：一是难度比较大，无人敢挑战；二是角度比较偏，平时没有关心。无论出于哪种情况，这些困难都是必须克服的。既然是经过论证后才决定开设的课程，那就具备一定的必要性，不能知难而退。可以根据教师的情况，物色合适的人员，重点培训，使其能担起开设课程的重任。

四、适度保持课程的开放性

我们说要有顶层设计，并不等于把教师培训课程做成完全封闭式的，设计当中必须有一块是开放的，让教师自由选择的。只是从目前的情况看，有时这个比例太大，导致整个课程呈无序状。

教师在自由选择课程时，往往着眼点比较小，比如出了一次国，看到了一些国外教育教学的情况，觉得可以对我们有启示的，就申请开课。这诚然是个不错的着眼点，但作为一门培训课程，必须有更广阔的视野和更多的理论准备。要从自己所看到的出发，把视阈拓展得更多、更深、更广，同时了解相关问题的理论研究现状，这样才能真正建设成一门课程。还有大量的课程，基础都是教师自己的心得体会，这应该只是我们课程中的一部分内容，需要以此为出发点的深入探讨，否则课程的立足点不高，受训效果也就只能是低水平重复。

第六章

一种新型的教师培训模式和一门课程的建设

一、缘起

根据上海市教育体制改革领导小组第八次专题会议明确的"建立见习教师规范化培训制度"的精神，积极贯彻落实《国家中长期教育改革和发展规划纲要（2010—2020 年）》和《上海市中长期教育改革和发展规划纲要（2010—2020 年）》，上海市教委研究决定，在本市基础教育系统实施见习教师规范化培训制度。

在上海市教委颁布《上海市中小学（幼儿园）见习教师规范化培训指导意见（试行）》后，华东师范大学、上海师范大学都启动了"上海市教育硕士专业学位教育与中小学（幼儿园）见习教师规范化培训结合项目"（以下简称"教硕－规培项目"）。本项目是上海市教委将上海市中小学（幼儿园）见习教师规范化培训和上海教育硕士专业学位研究生教育相结合的项目，旨在培养一批能够胜任教育教学岗位要求、具有较强科研能力的高素质中小学（幼儿园）教师。

这是一种新型的教师培训模式。它有以下几个特征：

一、特定的培训对象

以往教师培训较多关注的是教师的专业发展情况。而对专业发展情况的衡定，往往用"骨干"这个带有一定比喻性的词语。作为对其质性评估的补充，是"市骨干""区骨干"的遴选。教师培训，除了面上的、人人都要参与的之外，多数就是各个级别的"骨干教师培训"。

规培和其他教师培训的区别，是把对培训对象专业发展的质性评估，变为对入职年限的量化评估。规定所有在见习阶段的教师都必须接受这一培训。

见习教师这个群体既不同于在校学生，也不同于一般教师。和在校学生相比，他们已经有了一两年的教学经验；和一般教师相比，他们又是新手。这一特定培训对象的确立，可以使培训内容高度集中，具有很强的针对性。

二、教师培训和学历教育的结合

在教师群体中进行有一定特殊性的学历教育，这在我国教育史上并不鲜见。比如，1986年9月国家教委颁发《关于中小学教师考核合格证书试行办法》后，大量出现的学历补偿性的教师培训。2011年教育硕士培养中的"双名（名师名校长）班"等。但在这种类型的学历补偿中，教师培训的内容是缺位的。而规培硕士是和教师培训完全融合交替的，因此，"教硕－规培项目"，是这方面的一个很有意义的尝试。见习教师在参加规范化培训的同时，也获得了学历教育，可以在学习结束后获得教育硕士学位。

这些特征决定，"教硕－规培项目"既不是一般的职后教师培训，也不是一般的学历教育，必须有相应的举措来应对这一特殊形式和这个特殊的群体。

为此，华东师范大学中文系为这批教师度身定做了一门课程——语文教育实践工作坊。这既是一种新型的职后教师培训模式，同时也是一门新的课程。

二、课程定位

《语文教育实践工作坊》定位为语文教育系列课程中的实践性课程，是在学生学习了语文教育的相关理论后，用课堂来实践、来体验的过程性学习。意在通过课堂教学和实例研讨相结合的方法，探究语文教育理论如何落实在各个学段的课堂教学中。希望通过本课程的研习，增强学生运用理论研究成果的自觉性和操作能力，从微观课堂出发，回归"把语文教育理论与实践相结合"的宏观课题。

这一课程定位带来的第一个问题就是："工作坊"设在哪儿？可以采取的方法有：

第一，在华东师范大学的教室里。

这是传统学历教育教学空间的延续。相对实践性很强的这门新课程来说，显然很难胜任其所承担的新的学习内容。

第二，由华东师范大学出面，联系好学校，定点在那里上课。

相对第一个教学空间来说，这个方案肯定更有优势。它把原来的单一的师生关系，变成了双重的师生关系。如图：

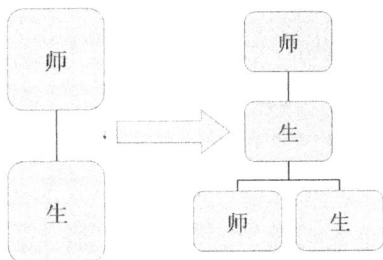

显然有利于对课堂情况的直接观察。固定的地点也会使课程更给人有秩序的感觉。但固定地点的同时也意味着学习年段（或小学、或初中、或高中）和学生（某所学校）的相对固定。这与工作坊的宗旨在一定程度上不相吻合。

第三，根据教学内容不定点更换教学场所。

这个方案显然优于上面两个，问题是更换教学场所所带来的工作量。

我们在经过认真考虑后，决定采用第三种方案。解决工作量问题的方法是利用学员自身的资源。规培学员都已在岗工作，他们所在的学校，是重要的教育资源。如果把课堂设在所在学校，他们所能贡献的，就不仅是一个教学空间，还有他们的教学实践。这些，正是我们教学研讨的起点。

从实际情况来说，规培学员来自不同的学校，不同的学段，路途遥远，工作紧张，困难是肯定有的。我们想把这个不利条件变成有利条件。通过听不同学段的课，研讨不同学段课程、教学的侧重点，以及学段间的衔接问题，探究语文教育的理念如何在各个不同学段落实。希望这门课能打破常规教学模式，做一点新的尝试。从这一角度说，改变教学空间，既是被迫的，也可以说是追求的。

开始有些同学觉得不太能接受。他们认为，读硕士就是来听课的，这样四处游走，下学校做工作坊，意义不大。希望固定时间、固定地点来开展有目的的语文教

学探究。其实还是希望按照传统的教学模式，在规定的
时间去固定的教室。他们所说的"有目的"，就是指自
己所在的学段。在这一点上，我们坚持了自己的看法。
我们认为，这门课要关心的问题，应该是作为教育硕士
应该关心的问题，只关注自己所在的学段的教学，未免
太偏狭了。

在课程实施过程中，同学们越来越感到，这门课对
他们来说是有意义的。一位学生说：

非常感谢教师给我们创造了这样的学习机会。个人
认为不同学段的教学可以帮助我们教师掌握好整个知识
链，在一次次讨论中，我们逐渐明白了学生之前学过什
么，之后需要学什么，这样在教学设计时就可以"对症
下药"，起到事半功倍的效果。语文教学不应该只立足
于自己所教的这一学段，应该帮助学生形成一整套的学
习方法，而不是脱节的、割裂的知识体系。这也是我的
教学观和我一直奋斗的目标，学好语文可以影响孩子的
一生，所以我会博采众长，继续努力实现我的理想！

三、方法与步骤

《语文教育实践工作坊》采用案例教学法，以学生
自己提供的课堂教学案例为抓手（每次9-10个），确
立不同的主题，以授课、说课、研讨的方法进行。具体
步骤为：

（一）提前告知研讨的问题和展示的课例

（二）现场授课

（三）执教者说课

（四）研讨

四、专题

首轮课程，设置了十个专题：

序号	专题名称	课文	案例提供	实践场所
1	小学低学段识字教学	《小海星，快回家》	黄 丹	上海市嘉定区紫荆小学
2	小学低年级散文教学	《莲花》	马诗晨	上海市崂山小学周浦校区
3	小学高学段散文教学	《一夜的工作》	公维莹	上海市嘉定区紫荆小学
4	绘本的教学	《红色最棒》		上海市闸北区实验小学
5	如何把科普说明文上出语文味	《空气中的流浪汉》	王清贤	上海市闸北区科技学校
6	初中散文教学研究	《生命的舞蹈》	陈 晨	上海市第二十五中学
7	初中文言文教学	《为学》		上海市民办进华中学
8	语文写作评改教学	《阳光照在心坎上》	王慧玲	上海市闵行区龙茗中学
9	小说的教学	《二十年后》	黄 烨	上海市万里城实验学校
10	现代诗歌的教学	《再别康桥》	王智华	上海市继光中学

这些专题的设置是从以下三个维度考虑的：

（一）学段

专题中既有小学的，也有初中和高中的课例。其中有一些是学段特征特别明显的，如，识字教学，还有小学低学段散文教学和高学段散文教学的不同。

（二）内容

对语文课阅读和写作两大块的内容都有一定关注，并对一些有特殊性的文本予以特别关注，如绘本、科普文等。

（三）体裁

作为语文教学重头戏的阅读，在专题中占据较多份额。除了文言文和现代文之外，特别关注的文体还有诗歌、小说等。

希望通过对这些专题的研讨，能有效提高规培学员思考语文教学问题的自觉性，培养他们宏观研究的概念和微观研究的习惯。

第二轮课程在第一轮的基础上，又增加了课堂观测点的分工。学员分为五个小组，分别关注教学目标的达成度、课堂教学的节奏、教学环节的设计、文本解读和学生情况。每一次听课各组轮转（如图）。这样学员就能

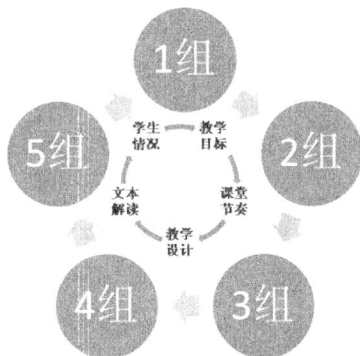

学会从不同的角度进行课堂观察。几次轮转下来，在专题讨论的问题之外，还可以收获听评课的方法。下面这个案例，比较典型地反映了这样的学习过程。

研讨记录表

记录人：费倩茹

科目	语文	地点	周浦育才学校	时间	2016.11.24
教学展示	五年级上《27.图书馆里的小镜头》三年级上《37.瑞雪》			执教人	周浦育才学校 袁佳俊 嘉定区望新小学 姚　虹
研讨专题	阅读与写作			主讲人	华东师范大学 王意如教授
参会人员	王意如教授 2016级教育硕士规培班 学科教学（语文）全体学员				

评课实录：

王意如教授发言：首先非常感谢我们的班长，给我们安排了接送车辆，然后又自己上了一堂课展示给大家，也非常感谢我们第二位执教的姚虹教师，即将为人母的姚教师还在给我们开课，又是借班上课，非常辛苦。今天，我们就按照上次的分组安排，请五个小组根据自己的观察点，分别派代表来发言也行，自由发言也行，先把自己观察到的情况来交流一下。

（第一组）陈立颖：首先非常感谢我们班长展示的课堂，我也感触良多。我们小组是从教学目标这个角度来观察和评课的。《27.图书馆里的小镜头》是小学语文五年级上册第六单元中的课文，其实这周二我在学校也开了同年级的课。说实话，第六单元的课文在开课中通常是避开的，因为第六单元，特别是27课《图书馆里的小镜头》并不是特别好上的。班长在教案中一共设计了四个教学目标，我觉得这些教学目标基本上都达到了，只是第3个目标：模仿课文第五小节的写法，结合生活中的小镜头对人物的活动进行细节描写，由于时间的原因，他没有把这个目标在课堂中展示。在其他目标的达成上，我觉得第2和第4个教学目标是达成得最好的。因为他主要讲解的第1、第2和第5小节的内容，都是为了让学生明白细节描写是怎么写的，通过人物的动作、神态，以及作者的联想这样的手法来达成。其他对于五年级的学生来说，细节描写是第一次接触，虽然平时会有所渗透，但总没有把这些动作、神态归类说这些就是细节描写。因为这篇文章的题目《图书馆里的小镜头》，其实"小镜头"就是一个局部的画面，看到的就是细节。我觉得班长的第2和第4个教学目标是完成了，这篇课文通过人物动作、神态的细节描写，就是要告诉学生要热爱读书这样一个道理。第1个目标中自主识字的这个部分，课堂上词语主要是以"开火车"的形式来学习，我觉得这几个字词中学生比较容易读错的是"纤细"的 xiān 和"悄无声息"的 qiǎo，学生在"开火车"时都读正确了，那么教师在课堂上可以强调一下"纤细"的"纤"不要读成 qiān；"悄无声息"的"悄"在这里为什么要读第三声，而不是第一声呢，我觉得教师可以再指导一下。在理解词语方面主要是运用了联系上下文的方式理解，像"贪婪"和"伏案疾书"，其实我觉得"伏案疾书"这个词的意思小朋友比较容易理解，但是"疾"和"书"这两个字其实是不理解的。如果教师能解释一下"疾"是快速，"书"是书写的意思，学生会理解得更透彻。这是我的一些看法，小组其他成员可以再进行补充。

陈艺伟：组长已经分析得很全面了。我这里还有一个疑惑，《图书馆里的小镜头》是第六单元的课文，我看到第六单元的单元目标是边读边思，学会在阅读中提出问题，解决问题。但是这篇课文的教学目标好像没有体现出这个单元目标。所以说这个教学目标的设计一定要和单元目标有关吗？还是可以适当的修改？

陈立颖：这个问题我也发现了。其实第五单元也是同样的单元目标：学会在阅读中提出问题解决问题，所以这两个单元其实是有联系的。可以把"提出问题"这个环节加进去。其实班长在激趣导入的时候说到过：作者为什么要写图书馆里的小镜头？今天我们来学习一下，这其实就是带着问题了。但如果是学生能够提出问题就更好了。

王意如：陈艺伟提了一个很好的问题，你们可以根据平时自己的教学发表看法。

交流 1：我觉得是可以不一定跟着单元目标走。因为这已经是第六单元了，前面第五单元已经讲过很多了，也不一定每一篇课文都要进行这个目标设计，但你要有意识地去培养他们这方面的能力。

王依婷：一般是这样的，前一个单元是"教"，后一个单元是"习"，就是学生练习用这个方法学习课文。第一个单元时学生一定是对这个方法很陌生的，那第二个单元是学生去用这个方法。如果一定要用，我觉得课题和最后一节是可以提问的，但没必要花太多时间，点到即可。

孙迪：其实课题是可以质疑的。班长一开始出示了几张照片让小朋友去说，这些是"镜头"，我觉得这和"小镜头"还是有区别的，应该要抓住这个"小"字，其实就是进行细节描写。

王意如： 同组的还有补充吗？

陈盈盈： 班长的教案其实还是很详细的，但是一看这教案就知道其实是上不完的。我开始以为他读写结合是先教方法，然后教师讲评，最后提升。听了以后才发现这是整篇课文的初习，其实这篇课文可以分为两课时，这个教学目标就是总目标，这堂课就是第一课时——学方法。后面班长设计的一个评价表格，今天没有用到，这其实是一个亮点，可以放在第二课时，模仿来写就是第二课时的目标，这样目标的达成度会更好。

王意如： 我们大家都注意到一个问题：他的教学目标其实没有完全达到。我们不是有第三小组专门观察课堂教学节奏的吗？来看看他的问题出在什么地方。

（第三组）彭璐： 第一部分谈话导入揭示课题大概是用了 2 分钟左右；第二部分初读课文，整体感知用了 7 分 43 秒。第三部分品读镜头，学写镜头中第一个镜头用了 6 分 07 秒，第二个镜头 4 分 50 秒，第三个镜头花的时间比较长 14 分 11 秒，最后的总结全文用了 46 秒。我认为他的教学思路还是很清晰的，节奏也比较紧凑，但把握上稍有不足，有个环节由于时间关系没有开展，但其实就像陈教师说的是个亮点。

王意如： 第三组的组员你们在注意课堂节奏的时候，如果我们要照这个教学目标来完成的话，他哪些地方节奏可以处理得更好一点？还是你们都认为这个目标一堂课是无论如何做不到的？

（多数意见：完不成，还是分成两课时，或者只讲第五节，再进行仿写。）

王意如： 好，那么这里就涉及教材的取舍问题。

王依婷： 但是只讲第五节也是不行的，因为课题是"小镜头"，那这些头发、鞋子的细节是必须讲的，扣题的东西是不能舍弃的。

王意如：其他教师看看，有没有可能在一课时里面把这些都做到？根据刚才彭璐教师做的分析，在整个节奏当中有没有地方可以加快一点的？

交流2：第三个"看书"的镜头花了14分钟，可以再加快一点节奏。

交流3：但是仿写的就是这一段，没法压缩。

交流4：其实进馆和选书的镜头是可以压缩的，它们之间是有共同点的。

王意如：这点我觉得很重要，我们如果要讲的话肯定是讲不完的，那么这里面必定要有一个取舍。她刚才说到，原文中有共同点，有共同点的东西我们讲一次，第二次我们不讲，其实还有一个比节约时间更重要的意义，就是指导学习的方法。第一次我们是告诉他，引导一下，第二次他应该用学到的方法自己去做，这个时候应该节奏可以快一点，那么完成后面的内容还是有可能的。

杜小婵：上个礼拜在我们学校听的也是这节课。我们的侧重点是读写链接，这篇课文我们是归在学校的一个作文专题课里面的，这个教师就是讲读写链接，而且一堂课是讲完了，最后还展示了几个学生写的。这个教师的设计基本就是抓重点词理解，第一、第二个镜头的节奏都挺快的，第三个镜头花了一些时间来理清楚，然后再指导写。

王意如：所以还是有可能一节课完成的。如果是这样的话，正好是第二组要讲的，他在教学设计方面有什么好改进的？

（第二组）费倩茹：首先我先谈一下自己的思考，可能不是基于如何压缩时间来说。我觉得这篇文章作者的写法就是抓住图书馆里面各个人的人物细节来写，我们班长也是抓住了人物特征的细节来进行教案设计的。我们看到每一个小镜头都在描绘细节，比如说进馆的小镜头是抓住了鞋子和头发。然后班长问了一个问题：为什么进馆的时候要写鞋子和头发这两个细节呢？他在解释的时候说到：因为这两个特征是最明显的。那么，值得探讨的是这两个特征为什么就是最明显的呢？首先，我们关注到进馆的"进"这个动作，人进门第一步肯定是踏入，脚先进来，所以抓住鞋子来描写是毋庸置疑的。然后再往上是衣服、头发等等，那么这里为什么不写衣服，而要写头发呢？其实是为了说明"男女老少"，头发最容易看出一个人的年龄和性别这些特征。

王意如：我插一句，对这个问题我有一点疑惑。

交流 5：我也有个疑惑。

王意如：你也有，好，你先说。

交流 5：刚刚班长有个板书是"各行各业"，为了得出"各行各业"这个结论，这里小朋友是这样推断的：穿布鞋的是在田里工作的；梳辫子的是小孩；鞋跟高的是女的，鞋跟矮的是男的，这一定吗？这里班长并没有细究这个问题。

袁雯雯：还有学生说到"白领"，这篇文章好像是 1976 年"文化大革命"之后写的，其实和我们现在是有一定距离的。学生说到"白领"，应该在这里渗透一下写作背景，纠正一下。

王意如："文革"刚结束，那个时候真的是这个样子的，对读书有一种渴望。因为我们就是从那个年代过来的，一直没有书看，突然有图书馆的时候，真的一开门就有很多人涌进去。刚才大家谈的问题就很重要，既然设计了这样一个问题的话，我也感觉为什么就抓住头发和鞋子，不写其他。是不是这样一个问题的设计应该倒过来。因为他这个问题问下去，小朋友是懵掉的，他们确实不知道为什么。其实应该反过来，问学生：你已经发现是"男女老少"，从写的角度来看，作者为什么不写男女老少，要写头发、鞋子？如果说：门一开，男女老少进来了。这样写你觉得好吗？两者的区别小朋友应该能够感受到的。因为我们今天研讨的主题是读写结合，我们的目的还是要教小朋友怎样去写。与其写男女老少都进来了，不如写细节，头发呀，鞋子呀。所以我这里插一句也是觉得，这里提问的设计不是太理想。

孙迪：我觉得还可以抓住"争先恐后"来讲，争先恐后的时候头发是昂扬的，鞋子是动的，是一种动态的感觉。

王意如：确实是要表现开馆的时候人们争先恐后进来的情景，所以看到就是鞋子和头发，其实更重要的是后面还要写眼睛和手，所以这个地方作者就留给头发和鞋子。我更多地认为这不是一种生活的必然，而是一种写作的选择。但我们是要教学生去关注细节，进来的时候就必然看到头发和鞋子，这一定吗？不是，只是作者的一种选择。所以问题的设计要注意，如果你把作者的选择来问学生的话，让他用男女老少一拥而入和现在课文中的描写做对比，那区别还是很明显的。

费倩茹：其实选书这个环节中的"眼睛"和"手"倒是没有什么可说的，选书就是用眼睛去看，用手去拿，这个是没什么问题。

王意如：对，这倒是一种生活的必然。

费倩茹：课堂上主要讲的是第三个镜头——看书。看书这个镜头抓住的是动作和神态，但是我感觉小朋友们好像只关注到了动作，神态方面好像涉及得很少。教师在这方面也没有进行讲解，哪些是神态，哪些是动作，其实小朋友们分不清楚。比如说那个小姑娘，学生找到的是"贪婪地扫着""不时地甩""顾不得去整理"，这些其实都是动作。后面又找到了"看那神情"之后的想象，是怎样的神情呢？其实学生并不知道。我觉得这里感受神情的部分设计得有点少了，是不是可以让学生自己来想象，想象小姑娘的脸上可能是什么样的表情，她在想什么？然后再引出作者的想象，看，作者也是这样想的。这是我的一些想法，欢迎补充。

李娜：刚才的教师讲得很具体，她是从很多细节上去讲的，我可能比较关注整体的设计。刚才我们也讲到进馆和选书这两个部分是很雷同的。这两个小节关注的是两个问题：第一，作者挑选什么来写。第二，作者是怎么写的。第一节作者是挑选了头发和鞋子，怎么写的呢？其实就是罗列，后面选书的环节也是一样的，挑选的细节是眼睛和手，用的方法也是罗列。其他我感受到了班长设计的理念，第一段是教，第二段已经是放了。他说了这样一句：类似的写法第二小节也有，你们来找一找。其实已经有放的概念了，但是我觉得还可以放得更多一点。在讲第五小节"看书"的时候，也有这种放的想法。第一个学生起来讲的是姑娘，班长就把姑娘讲了。后面老人、小孩、男孩的时候也是有意识想要放一放的，可是我还是觉得可以放得更多一点，这样的话把时间节省下来就可以进行后面写的训练了。我仔细看了一下后面这个没有讲的评价表格，它和前面的内容是有针对性紧扣的。前面讲动作、神态、心理活动，就落实到后面写的评价里去；前面也讲到展开适当的联想，后面的评价里也有。就是说他的这个评价内容和他前面的教学是完全紧扣的，如果把前面该放的地方再放得更多一点，把时间留到后面去，应该说这个课堂呈现的效果会非常好。

王意如：我也注意到了你提到的这一点。其实班长他是有意识的，三个镜头的教学并不是重复、重复再重复。好，第四组讲文本的有没有？

（第四组）王琳琳：班长在导入部分抓住了课题"小镜头"进行引导，课堂节奏很流畅。其次，在深入细读上，很多细节方面，像是手、眼睛这些描写，让学生感受到了作者语言的敏锐度。在"伏案疾书"和没有完成的仿写部分，都留给了学生感悟的空间。如果要说改进的话，可以在课堂开始的时候介绍一下写作背景，这样学生可能在理解课文方面不会遇到太大的困难。

王意如：对，如果结合作者写文章当时的背景的话，学生就更能感觉到为什么人们对读书那么渴望。现在当我们面对那么多的图书、海量的知识的时候，就像空气就存在于我们鼻子下面一样，不觉得它的珍贵。但是作者那代人是经历了十年窒息以后，突然吸到一口新鲜空气，所以才会表现出那么一种渴望，否则可能孩子觉得这篇课文有点假吧，哪里有这样的人呐？其实是脱离了他们的生活，但当时确实是这样的一种情况，只有在当时这样情况下，才有可能这样看书。所以，对于一个文本，有时候我们不需要知道它的背景也能理解，有时候就需要去了解一下写作的背景，更能体会感情。

王依婷：我觉得班长的意图应该是读写结合，以读促写。其实班长已经非常好地筛选了一些信息。这篇文章其实文采很好，要讲的话有很多。他的每一个罗列的排比手法也是很值得讲的，但是班长在筛选的时候就扣住了人物描写，这是很出彩的地方。一篇文章不可能面面俱到，什么都讲，讲不完的。所以他就直接扣着神态和动作说具体。如果还要促进学生的写作的话，第五节的选材是一个重点。这篇文章的主旨是说人们爱读书，那作者为什么要选小伙子、小姑娘、老人和小孩呢？男女老少这四个其实是很有代表性的人物，在抓住这四个人物特点的时候，小伙子有一副眼镜，是知识青年的代表；姑娘很爱美，但是这么一个爱美的姑娘看书时都顾不得头发了，她的手一直在书本上，没空去梳理头发，因为知识比美貌更重要；老人已经老态龙钟还在学习，他还眯着眼睛看书，这就是神态。可能学生不知道什么是神态，面部表情属于神态，可以把它分开来列，脸上是神态，手上是动作；还有孩子的特点是矮，他很吃力但很专注，这个矛盾点抓得很好，孩子的幼稚、矮小更突出了他努力去追求知识的渴望，很有张力。所以，这里每个人物的神态动作都是扣住了这个人的特点去描写的，这里指导的时候应该要用点力度的。在指导学生扣住人的特点写的时候，神态和动作抓什么点，这个是写作上一个很重要的，并且可以去挖掘的点。

袁雯雯：顺着王依婷的说，还可以再挖。其实班长指导的是神态和动作，大家都是全神贯注地在那儿读书，那么这些描写可不可以交换呢？这些描写的人物匹配度是很高的，我觉得这也是一个指导学生写作时候的抓手，要抓住人物年龄、性别的特点来写，这也是男女老少的一个体现。

王意如：第五组呢？学生学习情况怎么样？

张蕾：这个班的学生是很好的，从刚开始上课的姿态就看出来了，每个人都坐得很端正。课堂上举手也都非常积极踊跃。我观察到大多数问题问下去，大概五分之四的学生会举手回答问题。但是有一个问题，只有四到五个人举手，刚才大家也提到了，就是为什么要写头发和鞋子这个问题。在其他小节找类似的镜头时，也是只有两到三个人举手，可能是学生还在找，或者可能会觉得这个问题有一点难度。

孙迪：我来补充一点。我听完这节课觉得整个课堂很安静，因为选择的读的方式都是默读，其实可以再多样化一点，穿插一些轻读之类的。因为以读促悟，有些学生是需要读出声来感觉的。然后，第三个镜头让学生自己圈划关键词语，当时我坐在一个学生旁边，我看到这个学生只划到了一个"时不时"，所以我觉得完全放手让学生自己去找其实也不太好，在学习的方式上可以再多样化一点，比如小组合作、同桌讨论。

王意如： 我发现大家各自观察的点，还是能发现一点不一样的东西，而且有些前面发现的问题正好后面的小组通过他们的观察点可以解决，这样挺好的。那么第二堂姚教师的课有什么想法。

杜小婵： 姚教师的目标达成度很高。三年级也是小学阶段一个分水岭，虽说是三年级，但是三上的时候基本还是二年级的性质，到了后半段才感觉有了大孩子的样子。首先讲讲姚教师生字的教学。低年级要求每个字都有侧重点，像"凛冽"主要是形，"霎"字强调的是读音，"罩"是"笼罩"放在一起学的，边学词语边学字，所以识字的方法还是多样的。在理解词语的时候，也是不脱离语境的，像"纷纷扬扬"和"笼罩"体现了雪的大，我觉得这里"笼罩"还可以添一点动感，"凛冽"这个词语主要体现"冷"。我自己也上过这课，我是觉得让上海的学生去理解这种大雪实在很困难，当时我上课的时候也用到了这些图片，其实里面有一幅动态图的使用是有意见分歧的，那张图片并不是那么写实，有点动画的感觉，再加上学生没有生活经验，用这样一张图合不合适是值得考究的。第二个目标是正确流利地朗读课文，这个班的学生朗读得也都挺好的。后面还有一个"知道按时间顺序来描绘这场雪的大、美、乐的方法"。一开始，姚教师在让学生整体感知的时候就把这个说出来了，我不太记得姚教师是什么时候出示的"雪前，雪时，雪后"，我自己上的时候是在整体感知小结的时候就把时间顺序出示了，还特意强调了一下。最后一个目标是积累文中描写语句以及谚语，这个设计真的挺好，特别是那个小麦的话，把这篇课文的文学性和科学性都融合进去了，一下就把谚语更充实了。最后体会人们对瑞雪的喜爱之情，就是老农和孩子的话，这个目标也是达成了，最后还设计了一个结合想象的说话练习，小朋友也都说得很好。

张蕾：我有一个疑问，是姚教师让学生找描写雪大的词语和句子的时候，有个女孩子找了这句：大雪下了整整一夜。当时姚教师是否定了这个回答，说"小雪也可以下整整一夜"，但其实完整地看这句句子是"大雪下了整整一夜"，这个雪大不大呢？我觉得其实也是可以的。

姚虹：我当时的想法是这个句子是描写雪大的，但仅仅从词语来说"整整一夜"不能突显雪的大。

张蕾：所以让学生把整句话连起来理解，因为前面是一个特写，傍晚雪下得很大的画面感，这个画面持续了整整一夜，所以也是在讲雪大，是一个整体。

王意如：所以当学生的回答不能符合我的预设的时候，我采用什么样的方法能够最大限度地保护他的积极性，同时也有利于他对文本的理解。我们都看到这样一个现象：越小的年龄越爱说，越大了越不敢说。除了孩子心理上的变化以外，我总觉得我们的教育可能也有一定的责任。因为孩子经常被否决，到最后他思考问题的时候不太考虑我应该怎么说，而是在考虑教师想要我说的答案是什么。这就不是我们教学想要达到的一个状态。像《瑞雪》这篇文章中，"遍身银装"这个词姚教师没有讲，我不知道三年级的学生对这个词能不能理解。课文中用了两个不同的写法：一片雪白，遍身银装，对我们成人来说很简单，这两个词是一回事，但作者为什么要这样来写。我一直讲语文课的关键就是要注意文本为什么要这样写，为什么不说田野和群山都是一片雪白？换一个词有什么好处？遍身银装什么意思？这样学生以后对自己的表达会比较敏感，我们要培养的就是这种语言的敏感度。

王依婷：说到敏感度，课上有一个词是"分外"，姚教师是用近义词的方法来理解的。但是近义词找完了以后，还是要区别一下，否则以后学生就觉得"分外"就是"非常"，就是"很"。这三个词的程度还是有区别的，近义词约等于之后这个语言的敏感度就消失了。

袁佳俊：其实到了五年级，我们对一些近义词就要开始区别了。

王意如：你会发现，现在语言应用当中，很多出错的实际就是对近义词的辨析问题，包括现在媒体也经常会用错。

今天我们研讨的主题是读和写，刚才大家关于课的讨论非常好。关于读和写的问题我想说一些东西，供大家参考。分三个大点。

第一，阅读和写作是语文的基本能力。语文就是一个双通道的学习活动。所谓的双通道一条是由内而外的，通过语言文字来表达我的所见所闻，所思所感。还有一条通道是由外而内的，通过别人的语言文字去感受别人的所见所感，所思所想。语文就是这样的一个双向通道。它的媒介就是语言文字，就是当我心里有很多想法的时候，我怎么用好的语言文字来表达出来，这就叫写作。当我看到别人的语言文字，我怎么去理解它，这就叫阅读。语文教来教去就是在这两个通道里边走。要记住，你任何一个教学设计如果游离于这两个通道之外，就要考虑还是不是语文课。

第二，阅读和写作既是可以独立的，更是有密切关联的。不要认为阅读和写作是绝对不可以分开的，其实，有一些研究它就是分开的。比如说，我们过去的阅读叫做"经验主义的阅读"。什么叫"经验主义的阅读"？"熟读唐诗三百首，不会作诗也会吟""读书百遍，其义自见"。都是不讲方法，只管读就好。如果一定要讲方法，就是读。这就叫做经验主义的阅读法。经验主义的阅读法肯定是有用的，但是到了今天这个现代社会，还停留在经验主义的阅读上，肯定是不对的。因为现在"阅读学"已经是一个很兴盛的学科，在20世纪的50年代，"阅读学"就已经是国际上一个独立的学科了。像美国有的大学专门有一个系就叫阅读系，就是研究阅读的。所以国际上也有一个叫"国际阅读协会"（IRA），我们国家在80年代以后，高校里也已经专门有阅读学科，也有很多本国的学者写了很多关于阅读的书。有的学者认为：阅读可以从十个方面去研究，包括它的本质论、功能论、主客体论、类型论、过程论、材料选择论、阅读方法论、阅读环境论、阅读文体论、阅读能力培养等等。所以我们做语文教师必须要知道阅读是一门重要的学科，其中有很多东西不能停留在只满足于经验主义的阅读法，你们可以去看看谢锡金的《提升儿童阅读能力到世界前列》。阅读方面的测试国际上也是很重视，大家可能熟悉的是PISA，还有一个更加专门的叫做PIRLS(国际儿童阅读能力测试)。也就是说从检验的方面来做阅读的专门研究。去年，我们跟上海市教委教研室做了一个项目"上海中小学生汉语阅读水平分级标准"，第一期的成果已经正式出版了，这个学期会启动第二轮对文本的分级。所以我讲这些就是给老师们一个概念——阅读是一个学问，它是可以独立的。同样，写作当然也可以独立，但跟阅读是可以有密切关系的。既然阅读是独立的，写作是独立的，那是否存在阅读和写作结合的理论可能性呢？当然是存在的。独立研究只不过是为了让阅读和写作都走得更好，但是并不等于说它们之间是没有关联的，尤其是在基础教育阶段，关联是非常密切的。

第三，读写结合的尝试。其实这个工作很多语文教师在做。大类来讲有两种：一种就是以读促写，另一种就是以写促读。

不管是以读促写，还是以写促读都可以从宏观和微观两个方面去考虑。宏观上，阅读会影响到我的写作，这是"以读促写"。倒过来说，也是一样。作为语文教师我们关心的更多的是微观上的，也包括两个方面：一个是内容上的。你看到的、读到的东西会影响你的写作。另一个就是形式上的，这也是我们平时关注得更多的方面。因为内容有时候可以给你启发，但你是不能模仿的，而形式是可以模仿的。关注微观对学生的好处还是很多的，但是在这个过程中，千万不要模式化。上次我也说过，教育从大方面来说是追求整一的，一样的时间学一样的课文，那么怎么让学生保持他写作中的个性呢？学生应该要有语言上的空间，我们只是在他不会的时候扶一把，指明一个方向，到底这条路怎么走，还是让孩子自己去摸索。

五、成效与总结

从课程完成的情况来看，这一新的尝试是富有成效的，主要体现在以下几个方面：

（一）课程目标定位准确

这门课程的目标对准了初入职教师群体的情况，即他们既有一定的教学经验，又相对缺乏理性的研究；他们正在接受教育学方面的系统课程的教育，同时又可能因为不能将理论落地而产生摸不着边际的感觉。

从实际教学案例出发来进行研究探讨，首先促使他们必须以理性的态度去面对自己的教学，把它作为一个问题研究的案例来准备。在教师培训中，课例的出现一般是这样的程序：

备课 ⟹ 上课 ⟹ 反思 ⟹ 研讨

这个程序往往是只针对某一堂课的，"就事论事"的。在规培硕士的这门课程中，情况是改观的，其程序改变为：

问题 ⟹ 案例 ⟹ 反思 ⟹ 研讨

从表面上看，似乎改动并不是很大，但实际上是有很大不同的。

首先，第一步骤从"备课"变为选定"问题"，保证了不是就课说课，而是把视线投向更具代表性的教学问题。这一步的走出，决定了下面的反思和研讨具有了不同的质量。

其次，充分体现了学科教学的性质特点。学科教学不同于教育学、课程与教学论的地方，就在于它是一种建立在实践操作基础上的理论研究，或者说是理论指导下的实践性研究。从实际教学案例出发的研究探讨正符合学科教学的这一特点。

（二）充分体现学生为主体

在学习过程中，学员的主体作用发挥得非常充分。提供什么课例、研讨什么问题，都是由学员提出后讨论决定的。每一次活动，都有一位学员既是课例的提供者，也是活动的组织者，负责整个学习过程。其他学员也各有分工，有做课堂实录的，有写听课感悟的。观察课堂时也分成数个小组，分别关注教学目标的达成度、课堂教学节奏的把握、文本分析是否到位以及学生的学习情况等。

（三）教师成为学习共同体中的一员

由于学员真正成了学习活动主体，教师在其中的作用，就不再是组织者、教育者，而是这个学习共同体中的一员。

作为一种新的职后教师培训模式，它体现了学历提升和教师培训的较为完美的结合。

附 录：
语文教育实践工作坊案例举隅

案例一　小学高学段散文教学

教学设计

一夜的工作

执教：紫荆小学　公维莹

　　本文节选自作家何其芳的《回忆周恩来同志》。课文记叙了在中华人民共和国成立初期，作者送稿件去中南海请周总理审阅，目睹了总理一夜辛勤的工作，歌颂了总理为国家为人民不辞劳苦的工作精神和简朴的生活作风，抒发了热爱和敬仰周总理的思想感情。

　　本课的教学我以学生为本，立足学生的学习能力和文本内容，调动学生的自主学习积极性，开展小组合作学习。关注学生的朗读和表达，巧设情景拉近生本距离，在读写结合提高学生语文素养的同时，关注评价，关注学生核心素养的发展。

　　1. 走近总理，拉近学生与文本的距离。

　　课前预习我引导学生查找有关周总理事迹的资料，让学生对总理有初步了解。上课伊始，播放《十里长街送总理》的视频，让学生直观感受总理去世时人们的悲伤，体会人民对总理的爱戴，激发学习兴趣。出示总理办公室的图片让学生直观感受总理的简朴。研读课文后，我设计了让同学们小组交流"总理的一天"环节，让学生进一步体会总理的劳苦。

2. 注重朗读，以读促悟。

本文语言看似朴实无华，但字里行间都渗透出作者对总理生活简朴、工作劳苦的敬佩之情。引导学生体会文本内容的同时，我更关注引导学生有感情地朗读，通过多种形式的读，让他们酣畅淋漓地释放自己的情感，进一步体会总理的简朴和劳苦。

3. 巧设情景，读写结合。

为了帮助学生体会总理的简朴，我出示了总理办公室的外观，让学生想想如此宫殿般的房子应该怎样陈设，接着出示总理办公室内部的样子与同学的想象形成对比，进而感受总理的简朴。

另外，为了进一步帮助学生体会总理的可敬之处，我让学生联系课文内容，根据以前学习的课文《泼水节的怀念》和我们查找的资料，四人小组合作写一首小诗表达对周总理深深的敬意。

【教学目标】

1. 能自主学习字词。理解"极其简单""审阅""浏览"等词的意思。

2. 有感情地朗读课文，了解并概括课文描写总理一夜工作的事例。

3. 理解含义深刻的句子，感受总理工作的劳苦、生活的简朴，激发对总理的崇敬之情。

【教学重点难点】

理解含义深刻的句子，感受总理工作的劳苦、生活的简朴，激发对总理的崇敬之情。

【教学过程】

一、观看视频，导入新课。

1．观看视频《十里长街送总理》

看完之后，你有什么想说？

2．揭示课题，齐读。

二、学习课文，体会简朴。

1．我们跟着作者的脚步到了北京中南海的西花厅，总理的办公室就设在这儿。你们看这曾是王爷的住所，是一间气派的宫殿式的房子。

(1) 出示图片：你觉得这么气派的房子应该放些什么呢？

(2) 但是里面实际是这样子的。

出示："一张不大的写字台，两把小转椅，一盏台灯，如此而已。"

理解：如此而已，极其简单。

(3) 指导朗读。

2．课文中还有哪些描写也让我们感受到总理的简朴？

出示："值班室的同志送来两杯热腾腾的绿茶，一碟花生米……好像没有因为多了一个人而增加了分量。"

（1）抓关键词"一小碟""并没有增加"体会。

（2）指导朗读。

三、研读课文，感受劳苦。

过渡：周总理的生活如此简朴，那么他又是怎样工作的呢？自己轻声读读课文，你也用四个字来说一说。并想一想周总理在这一夜中做了哪些工作？

1. 交流

2. 批阅了一尺来高的文件

出示："总理见了我……到时候叫你。"

"一尺来高""一叠""今晚上"说明了什么？

审阅了我的记录稿。

出示："他一句一句地审阅……经过相当长的时间总理才审阅完，把稿子交给了我。"

（1）理解：审阅 "浏览"。

（2）从哪里看出总理在很认真地审阅我的稿子？

（3）请大家再仔细读读这两句话，边读边圈出总理审阅记录稿时的动作。

根据屏幕上的关联词并结合板书上的动词，自己说一说周总理是怎样审阅这份记录稿的。

（4）指导朗读。

3. 出示："喝了一会儿茶，就听见……下午还要参加活动。"

读了这句话，你又明白了什么？

4. 同学们，总理一夜的工作结束了，新的一天的工作却开始了。（小组交流查找的资料）

引读：他是多么劳苦，多么简朴！

四、学习最后两段，总结升华。

1. 出示最后两节：

（1）自由读体会心情。

（2）小组比赛读。

2．联系课文内容，根据我们以前学习的课文《泼水节的怀念》和查找的资料，四人小组合作写一首小诗表达我们对周总理深深的敬意。

致我们的好总理

周总理是人民的好总理

他简朴，＿＿＿＿＿＿＿＿＿＿＿＿＿＿＿＿＿＿，

他劳苦，＿＿＿＿＿＿＿＿＿＿＿＿＿＿＿＿，

他平易近人，＿＿＿＿＿＿＿＿＿＿＿＿＿＿。

他＿＿＿＿＿，＿＿＿＿＿＿＿＿＿＿＿＿＿＿。

人民永远怀念他。

3．总结全文，总结写法。

4．课下练习：把你的小诗补充完整，和同学交流周总理的事迹小故事。

板书：

```
           39 一夜的工作
              一张 两把 一盏
      生活简朴  一小碟
                        每个夜晚
         一尺来高
      工作劳苦  看 画 思索 想 问
```

课堂实录

师：上课！

生：起立！

师：同学们好！

生：教师好！

师：请坐。

同学们，屏幕上这个可爱又慈祥的老人是——

生：周恩来。

师：这是我们敬爱的周恩来总理。1976年周恩来总理去世了，全国人民都非常悲痛。课前我们王××同学搜集了总理的灵车经过长安大街的情景，我们一起来看一下。（播放视频）

同学们看到了什么？

生：很多老人哭得悲痛欲绝。

生：人们很敬爱总理。

师：那么人们为什么这么敬爱总理？让我们一起跟着作者何其芳的脚步去看看总理一夜的工作就知道了。齐读课题《39 一夜的工作》预备，起！

生：《39 一夜的工作》

师：首先，我们跟着作者来到了周恩来的办公室。（展示照片）这就是周恩来总理的办公室，这曾经是一个王爷住的地方，是一间高大气派的房子。你们觉得这间房子应该放些什么啊？

生：放一些家具，名贵的家具。

师：还有呢？你觉得呢？

生：还有……还有一些周总理的家人什么的。

生：有一大笔一大笔的钱。

师：真的是这样吗？我们一起来看一下。谁来读？（屏幕展示相关语段）

（生读）

师：同学们告诉我，其中有——（板书）

生：一张不大的写字台，两把小转椅，一盏台灯，如此而已。

师：还有其他的吗？

生：没了。

师：哪个词语看出了没了？

生：如此而已。

师：是啊，已经简单得不能再——

生：简单了。

师：作者说这是——

生：如此而已。

师：简单得不能再——

生：简单。

师：既然是简单得不能再简单，为什么还要告诉我们这是一间高大的、气派的房子？

生：进行对比。

师：这样做是为了什么？

生：突出总理生活很简单。

师：总理生活很——

生：简朴。

师：谁来再读一读这段话？

（生读）

师：谁再来？

（生读）

师：好，我们一起来。预备，起！

（全班齐读）

师：文中还有哪些地方让我们感受到总理生活简朴？

生：第五节，"值班室的同志送来两杯热腾腾的绿茶，一碟花生米……好像并没有因为多了一个人而增加了分量。"

师：很好，你们找的是不是这里？

生：是。

师：谁来说说看？

生：总理每天的茶点都是绿茶、花生米，花生米的数量并不多，而且只有一小碟。

师：作者用了一个量词告诉我们，只有一——

生：一小碟。

师：而且——

生：还数得清颗粒。

师：那我们知道今天晚上这些花生米是给几个人吃的啊？

生：两个。

师：有这么多吗？

生：没有。

师：作者确定不确定？

生：确定。

师：作者确定啊？再去读文章，作者确定不确定？

生：文章中说"好像"，并不确定。

师：那你觉得增加了还是没增加？

生：增加了。

师：说说原因。

生：因为……有人来了就要增加一点。

师：有没有同学觉得没有增加？

生：我觉得没有增加。

师：为什么？

生：因为它那里写好像并没有增加。所以我觉得应该是
和总理平常一样多。

师：你说呢？

生：我觉得没有增加，因为这样一点花生米两个人怎么
够吃呢？

师：那么无论增加还是没增加，这些花生米都少得可
怜。够吃吗？

生：不够。

师：足以看出总理生活很——

生：简朴。

师：齐读这一段，预备，起！

（全班齐读）

师：总理的生活是这样简朴，他的工作又是怎么样的
呢？请同学们快速读读课文，思考两个问题。第一个，
请你和教师一样也用四个字来说一说。第二个，请你概
括一下周总理在这一夜中做了哪些工作？开始可以轻声

读文章，可以读出声音来。

生：一丝不苟。

师：工作时的样子，对不对？来，你说。

生：工作劳苦。

师：劳苦的意思是——我们可以用什么法来解释？

生：拆字法。

生：劳累辛苦。

师：为了体现他的劳累辛苦作者讲了哪些事情？概括地说一说。

生：总理一个晚上批阅了一尺来高的文件，还审阅了我的记录稿。

师：好，掌声鼓励。那么这里有两个词，一个是——

生：批阅。

师：一个是——

生：审阅。

师：这两个词是不是一样？

生：批阅就是看一看，随便看一看。审阅是找一个人一边问他一边看。

师：批阅只是随便看一看，同意吗？

生：不同意。

批阅是很认真，边批边看。

师：联想一下教师批作业的时候后面还要干什么？

生：修改一下。

师：修改一下什么？

生：读。

师：教师批完了作文底下还要干吗？

生：写评语，说写得怎么样。

师：写评语，给你们提出建议。这叫什么？

生：批阅。

师：审阅呢？我们可以用什么法？

生：拆字法。审阅是审查阅读。

师：重在哪一个字？

生：审。

师：审查阅读。总理一晚上做了——

生：两件事。批阅了一尺来高的文件，审阅了我的记录稿。

师：首先我们来看一下，谁来读？（课件展示语段）

（生读）

师：总理要批——

生：一尺来高的文件。

师：一尺来高是多高？

生：一个手掌。

生：一把尺。

师：一把尺只有30厘米。还要再高一点。我们可以看一下图片，这些文件已经到了总理的——

生：肩膀。

师：已经和总理的肩膀一样高了，说明他的工作很——

生：多，艰巨。

师：还有什么？

生：总理工作那么多，还让"我"去睡一觉。

师：我睡一觉睡的时间是短还是长啊？

生：长。

师：总理批得完吗？

生：批不完。

师：批不完说明什么？

生：工作量大。

师：还有吗？有一个词——

生：今晚。

师：今天晚上要批完这些文件。任务很——

生：艰巨。

师：工作很——

生：劳苦。

师：请同学再来读一读这一段。

（全班齐读）

师：总理又是怎样审阅我的记录稿的？

生："他一句一句地审阅……经过相当长的时间总理才审阅完，把稿子交给了我。"

师：作者抓住了什么进行描写？一起告诉我。

生：动作。

师：谁来给大家圈一圈动作？

生：看、画、想、问。

师：她漏了一个，谁来帮她？

生：思索。

师：第一个是——

生：看。

师：接下来——

生：画、思索、想、问。

师：从这些动词我们感受到了什么？

生：总理批作业很认真。

师：批作业？

生：批文件很认真。

师：这里是批什么？

生：记录稿很认真。

师：特别是从哪个词感受到的？

生：思索。

师：给大家解释下。

生：一边思考一边想。

师：还有哪些动词也让你感受到了？

生：画，说明他很认真。

师：还有没有？

生：问，说明他不清楚的地方还会问。为了更加明白一些。

师：为了批这个记录稿更仔细。

生：不出意外。

师：这就是——

生：一丝不苟。

师：所以作者说他不是——

生：浏览一遍就算了。

师：什么是浏览？

生：快速地看一遍。

师：从这里我们可以看出绝对不是——

生：浏览。

师：还有哪些地方感受到非常一丝不苟？

生：一句一句地审阅，那么多记录稿，说明他不想出错。

师：抓关联词。

生：他不是……而是……他一句一句审阅，说明他还要想一想，问我两句。

师：周总理非常的认真。他不仅一句一句地——

生：审阅。

师：看完以后，还——

生：画一个个小圆圈。

师：而且是——

生：一边看一边思索。有时停笔想一想，有时还问我一两句。

师：看一下教师黑板上的关联词和板书，来介绍一下周总理是怎样批阅记录稿的？先准备一下。

生：他一句一句地审阅，看完一句就用笔在那一句后面画上一个小圆圈。他不是浏览一遍就算了，而是一边看一边思索，停笔想一想。

师：关联词——有时。

生：有时停笔想一想，有时不明白的地方问一问我。

师：再流利一点。

生：周总理工作非常劳苦，一个晚上要批很多文件，审阅记录稿一丝不苟。看完一句就用笔在那一句后面画上一个小圆圈。他不是浏览一遍就算了，而是一边看一边思索，有时停笔想一想，有时问我一两句。

师：好，掌声。每天夜幕降临，华灯初上，我们的总理又坐在那张不大的写字台前，打开了他今晚审阅的文件，只见他——（指名读）

夜很深了，人们都进入了甜美的梦乡，而我们的总理依然坐在办公桌前。只见他又——（指名读）

东方发白，公鸡鸣叫了，这时，我们的总理坐在办公桌前审阅着最后一份文稿，只见他——齐读。

师：过了很长时间，总理把稿子审阅好交给了我，喝了一会茶，就听见——

生：公鸡喔喔喔地鸣叫了，总理站起来对我说："我要去休息了。……"

师：同学们读错了一个字。这是一个多音字。

生：wō

师：这个词是象声词的时候读wō，当它表示惊讶的时候才读——

生：ō

师：我们再来读一遍。预备，起!

（生读）

师：从这段话可以看出什么？

生：说明总理批了一晚上的文件，彻夜未眠。

师：非常好，掌声送给他。正好呼应了我们的课题——

生：一夜的工作。

师："我也站起来，没留意把小转椅的上面部分带歪了。总理过来把转椅扶正，然后就走进后面去了。"这句可以看出什么？

生：总理爱护家具。

生：平易近人。

师："我"留意到了吗？

生：没有。

师：总理留意到了，说明——

生：他很细心。

师：很一丝不苟。总理终于去休息了，但是他休息一会后又要开始新的一天。请同学和大家分享一下他课下查到的总理一天的时间表。

生：PPT展示，生读。

周总理的一天

时间：1974年3月26日至27日

下午3时　　起床

下午4时　　与尼雷尔会谈

晚7时　　　陪餐

晚10时　　 政治局会议

晨2时半　　约民航局同志开会

晨7时　　　办公

中午12时　 去东郊迎接西哈努克亲王和王后

下午2时　　休息

从26日下午3点到27日下午2点，总理都在工作。此时，总理已经身患重病，此时的他正忍受着病魔带给他的巨大痛苦。

师：总理工作了几个小时？

生：23个小时。

师：正如作者所说——

生：他是多么劳苦，多么简朴。

师：作者目睹了总理一夜的工作，他走的时候心情又是怎样的？快速读一读课文的最后一节，然后告诉大家。

生：作者很佩服他。

师：他为有这样的总理——

生：骄傲。

师：小组之间合作读出"骄傲"。

（抽一小组读）

师：谁来做小教师点评？好的也可以说，不好的也可以说。

生：他们一组读得蛮好的。

师：你觉得他们感情读得怎么样？

生：太重了。

师：你们同意吗？感情够不够？还有没有人能更丰富一点？

（再抽一小组读）

师：点评。

生：他们感情也够了，就是声音有点小。

师：作者说全世界都能听到——

生：我的声音。

师：我没有感受到。最后一组？

（再抽一小组读）

师：不仅作者很骄傲，我们也很——

生：骄傲。

师：接下来请你们拿起笔来，结合我们的课文、我们以前学习的课文《泼水节的怀念》和我们查找的资料，四人小组合作写一首小诗表达我们对周总理深深的敬意吧。（展示PPT）

我们的好总理

周总理是人民的好总理

他简朴，＿＿＿＿＿＿＿＿＿＿＿＿＿＿＿，

他劳苦，＿＿＿＿＿＿＿＿＿＿＿＿＿＿，

他平易近人，＿＿＿＿＿＿＿＿＿＿＿＿。

他＿＿＿＿＿，＿＿＿＿＿＿＿＿＿＿＿。

人民永远怀念他。

（请小组展示）

师：掌声。没有完成的小组课下再完成它。今天我们跟着作者的脚步，目睹了周总理一夜的工作，看到了总理生活的简朴和工作的劳苦。你在写文章的时候也可以抓住生活中的小事情来突显人物品质。下课后请大家把你的小诗补充完整，和同学们交流。然后继续交流周总理的事迹故事。下课！

教学反思

　　教学《一夜的工作》我以学生为本，立足学生的学习能力和文本内容，调动学生的自主学习积极性，开展小组合作学习。关注学生的朗读和表达，巧设情景拉近生本距离，在读写结合提高学生语文素养的同时，关注评价，较好地完成了教学目标。

　　1. 关注朗读，以读促悟。

　　本课教学，朗读贯穿始终。通过指名读、齐读、小组合作比赛读等形式引导学生体会周总理的简朴和劳苦。特别是学习 7-8 小节时，我引导学生小组合作朗读，通过不同的形式读出作者的自豪和骄傲，然后让学生互相评价。一方面让学生合作朗读，调动学生的积极性；另一方面让学生自主评价，也有利于学生加深体会。但就课堂效果看，孩子们由于紧张，比较拘束，读起来底气不足，还需要加强自信教育。

　　2. 巧设情景，读写结合。

　　为了进一步帮助学生体会总理的可敬之处，我让学生"联系课文内容、以前学习的课文《泼水节的怀念》和我们查找的资料，四人小组合作写一首小诗，表达我们对周总理深深的敬意"。

我们的好总理

周总理是人民的好总理

他简朴，＿＿＿＿＿＿＿＿＿＿＿＿＿＿＿，

他劳苦，＿＿＿＿＿＿＿＿＿＿＿＿＿＿＿，

他平易近人，＿＿＿＿＿＿＿＿＿＿＿＿＿＿。

他 ＿＿＿＿＿，＿＿＿＿＿＿＿＿＿＿＿＿＿。

人民永远怀念他。

由于课前我们进行了交流，又经过课文的研读，孩子们写起来文思泉涌，不一会一首首小诗跃然纸上。学生的体会得到进一步升华的同时，也锻炼了学生的表达，可谓一举两得。

3.关注基础，随文学词。

高年级字词学习我们经常放在课前进行。但对于相对较难的词语，我们应在课文学习过程中帮助学生加以理解。比如"批阅"和"审阅"的区别。我通过引导学生联系生活实际和拆字法加以学习。学生们读错"喔"字，我及时纠正读音，并向学生解释正音。但这里的纠正有点太快，学生并没有完全掌握，这提示我教学不能太着急，要给学生足够的时间和耐心。

4.文本解读，仍需努力。

在本文中有这样一句话"好像并没有因为多了一个人而增加了分量"，课上我让学生思考"到底有没有增加"，学生们有的答增加了，有的答没有，当时我肯定了两边的答案，但细读文本其实是增加了，前文"两杯热腾腾的绿茶"就是最好的证明。课后我又对学生进行了引导。

综上，本课教学较好地完成了教学目标，关注学生，关注朗读，关注评价。但在文本解读方面仍要加强细致的解读，同时要更加关注学生的成长，给予学生更多的细心和耐心。

教学研讨

吴轶群: 这堂课给我最深的印象就是思路非常清晰。整堂课都围绕着总理的"劳苦"和"简朴"展开，这个抓手把握得非常好，通过对语句的分析，让学生自然而然地认同了作者对周总理的崇敬之情，与之产生了共鸣。反观自己，为什么学生经常对课文主旨的理解感到困难，或许就是因为我本身没有能够呈现一条清晰的教学思路。既然教师自己都没找好抓手，那么，学生也就自然找不到方向了。

其次，我觉得小学的朗读教学非常值得我们中学教师借鉴和学习。虽然中学没有像小学那般强调"读"，但是一些重要的段落和词句还是非常值得品读的，特别是古诗词的学习，它的韵律美也只有靠反复朗读才能体会到。公教师班级的学生朗读时感情和技巧都非常到位，可见平时应该在这方面下了很多功夫。让我眼前一亮的是，虽然本节课上教师没有进行小组指导，但是有个小组自发地安排了个人读、双人读和小组齐读的朗读表演。学生的能力就在这看似不起眼的朗读训练中被激发出来，他们的信心也会加强。有时候教师要做的不仅仅是教知识，而是教他们学习的方法，让学生融会贯通才是教的最高境界。公教师给我上了很好的一课。

在公教师的课上，我还关注到一个特点——公教师很好地运用了鼓励机制。每位学生的回答公教师都会做出点评，不论对错，都会鼓励他们的积极性。对答得好的孩子还会带领全班鼓掌，这对于发言的孩子来说是一种莫大的荣耀，更能激发他的学习兴趣和斗志。除了教师的点评外，公教师还会鼓励生生点评。别看这小小的人儿，点评起来头头是道，讲到兴尽处还会自己示范一下，俨然一副"小专家"的模样，让人忍俊不禁。小学生的表现和中学生真的是有很大的区别。想来预初年级时他们也都一个个活泼可爱，是什么让初三的学生都失去了上课发言的激情呢？或许，公教师的表扬机制可以拿来借鉴一下。

王教师：请大家关注自己的学段，说说今天的两节课哪里可以借鉴。

公维莹：本节课我主要抓住三点来上。一是走近总理，拉近文本与学生的距离。课前我让大家搜集了很多关于周总理的资料和事迹，进行了交流，所以学生们对周总理已经比较熟悉。二是注重朗读，以读促悟。小学阶段还是比较注重朗读的，所以课堂上用各种方法让学生读。三是巧设情景，读写结合。以前我们学的都是一句一句写话，把句子写具体。今天布置的是让大家将每个句子组合成一首小诗。

许塑：描写周总理的词语"平易近人"，这个词语是教师之前指导过的吗？

公维莹：这是他们自己想出来的。因为之前我们学过《泼水节的怀念》这篇课文，里面提到了周总理平易近人、与民同乐。

王教师：公维莹的教案中有错别字；教学目标中第三条实现得最好；课堂上对字词句的重视很好。字：如"喔"的发音，其实可以再强化一下。词：关联词的使用，词义的辨析，如批阅、审阅，可以用拆字法，从文字出发，来理解。在课堂上对的不一定要教，但是教的一定是对的，如"一尺来高"，学生说"一个手掌"，明显错了。可以讲一讲公尺、市尺的区别。如问题：这个房子可以放什么？孩子们回答的是家具、家人、钱，明显回答不到位，这时要给足引导。从"如此而已"入手，深入理解"如此而已"的意思，为什么这么讲？介绍房子部分其实显示的一是地位（为什么写这个房子是宫殿），二是布置简朴。然后回头再去问学生"这个房子可以放什么"？不要盯着原来的问题，要马上转化，换别的方向切入。如，"好像"的理解，这个词可以有两种意思：一是"有些像，但实际上不是"。比如说"他站在讲台上，好像是老师"，句子的意思可以指他实际上并不是教师；第二种意思是"仿佛，可能是，也可能不是"。比如说"他低着头，好像在想心事"，语句的意思是不能肯定他是否在想心事（也许是真在想心事）。而从课文来看，应该是第一个意思，因为前面有两杯绿茶的描写，说明工作人员知道他有客人，因此花生米也应该是增加了的。作者在这里用"好像"就是要表示即使增加了也像没增加一样，借用"好像"这个词表现了花生米的少——也就是周总理生活的简朴。这种词语的辨析是学语文的要义之一。

吴轶群： 在讲关联词时，复句的概念能否适当铺垫、衔接？还有哪些描写？描写的概念有没有讲过？

王静： 语法能不能教？

王教师： 这个涉及各个学段的衔接。根据现行的语文课程标准，基础教育学段不提倡讲概念。如，"挂念"这个词语的理解，从"用"出发，不能直接给学生概念。

许塱： 报告文学呢？

王教师： 八年级以前不强调文体概念。

王教师： 教师的考察就两个问题：写什么？怎么写？在"怎么写"上做得不好。这里有两个转化：一是文本解读转化为教学内容，文本解读越透越好，要超出课堂呈现的内容。二是从教师明白转化为课堂呈现，定好目标。要高度关注学生，比如，学生用错的字、词、句。

苏晓彤： 课堂上还要看大部分人的反应，实行分层教学。课堂上多关注后进生，用零散的时间帮助他们。关于学段衔接不好的问题，要自己调整好心态。

王教师： 小学——初中——高中，认识从感性——理性，虽然有些内容一直呈现，但每个学段的理解层面不同。

王教师： 要多从语感角度出发。语法是参照西方的体系来套用到中国的语言上，《马氏文通》并未能很好地总结汉语的全部。用什么样的语法体系，学派很多，不确定是否对，没有一套大家公认的语法体系。语言文字掌握到一定程度即可以，语法对说话并不是必须。考试要考，直接讲语法其实是比较省力的做法，体会要花的时间长，难度大；随文讲字，理解更透。

案例二　绘本的教学

教学设计

红色最棒

执教：闸北区实验小学　王　彦

【教学目标】

1．通过阅读绘本了解凯莉最喜欢红色的原因，并知道绘本阅读的方法，能从图片和文字中找到信息。

2．抓住对话中的"却"和"可是"，体会语句中的转折关系，并进行说话练习。

3．在阅读过程中，通过看、想、说、写，感受色彩带给自己的美好与自信，努力做一个有主见且愿意表达的孩子。

【教学过程】

一、谈话引入，了解绘本

1．出示封面

今天我们来认识一个小女孩，她的名字叫——凯莉。凯莉和大家一样，有自己最喜欢的颜色。大家看看图，猜猜她最喜欢什么颜色？

2．引出书名

凯莉认为红色是所有颜色中最好的，她说——红色最棒。今天，就让我们一起走进这本绘本。（板书书名）

3．观察封面　了解信息

二、通读绘本，整体感知

1．师生共读绘本

2．学生再读绘本

3．找一找：观察最后一页，到前面的画面中找一找凯莉喜欢的红色的东西。

4．教师小结

三、深入研读，说话训练

1．选取"红袜子"片段，理解"却"和"可是"的用法

出示：

我最喜欢我的红袜子。

妈妈却说："穿这双吧！这条白裙子配白袜子漂亮。"

可是，穿红袜子，我能跳得很高很高。

我最喜欢我的红袜子。

①轻声读句子

②了解"却"和"可是"的用法

当我们表达和别人的想法不一样时，就可以用上"却"或"可是"这样的词语将两句话连接起来。

2．选取"红手套"片段，再次感受"却"和"可是"的用法

3．展开想象，故事汇编

其实生活中还有很多红色的东西凯莉也很喜欢，比

如，这是凯莉最喜欢的——红书包。看看图，这只书包怎么样？请你按照刚才的这个句式来说一说。

四、阅读延伸，拓展写话

1．指导写话

其实在生活中我们和凯莉一样都有自己喜欢的东西，但有时候我们这些想法爸爸妈妈不一定会理解。请用上这个句式把当时的情景写一写。

出示：

我最喜欢_____。

_____却说："_____。"

可是，_____   _____。

我最喜欢_____。

2．写话、讲评

3．教师总结

【板书设计】

```
┌─────────────────────────────────────┐
│              红色最棒               │
│   我最喜欢_____。          │
│   _____却说："_____。"      │
│   可是，_____。           │
│   我最喜欢 _____。         │
└─────────────────────────────────────┘
```

课堂实录

师：这个世界是五彩缤纷的。这多彩的世界中，你最喜欢什么颜色？

生：我最喜欢绿色，因为绿色对眼睛好。

师：是呀，绿色是生命的颜色。

生：我最喜欢亮粉色，因为亮粉色很美。

师：色彩是美妙的，色彩是让人着迷的，每个人心中都有自己最喜欢的颜色。今天我们要来认识一个小女孩，借助拼音你能来叫叫她的名字吗？（多媒体出示kǎi lì 凯莉）

生：凯莉。

师：真好，声音响亮。请个男生来。

生：凯莉。

师：学着他的样子我们一起来叫叫她的名字。

生齐声：凯莉。

师：凯莉和大家一样，也有自己最喜欢的颜色。你能看看图，猜一猜她最喜欢什么颜色吗？（多媒体出示图片）

生：我猜她最喜欢红色。

师：为什么猜她最喜欢红色，你们怎么知道的呢？

生：因为她几乎每个部位都是红色。

师：你能不能说得具体一点？她的什么东西是红色的？

生：她的脚是红色的。

师：她的脚是红色的吗？

生：她的腿是红色的。

师：她的腿是红色的吗？谁来帮助他？

生：她的长筒袜是红色的。她的衣服是红色的。她的裤子是红色的。她的茶杯是红色的。她的鞋子也是红色的。她的手套还是红色的。

师：你真厉害！让我们掌声送给她。一口气把这些红色的东西都找到了。凯莉觉得红色是这个世界上最好的颜色，任何颜色都取代不了，所以她说——（出示纸条"红色最棒"）谁来读读看？

生：红色最棒。

师：这可是凯莉最喜欢的颜色，红色最棒！谁会？

生：红色最棒！

师：学着她的样子，我们一起来读读这本书的名字。

生齐读：红色最棒！

师：（多媒体出示绘本封面）这就是我们今天要看到的绘本的封面。除了知道绘本的名字，请大家仔细看看图，你还知道了哪些信息？

生：我知道了作者。

师：作者的名字你能念吗？

生：凯西点。

师：这个点我们不读。

生：凯西·斯蒂森。

师：教师告诉大家一个小秘密，这个凯西·斯蒂森就是我们这本书中凯莉的妈妈，她专门写了这样一本书送给自己的女儿。还有什么信息？

生：还有图画和翻译。

师：好的，我们来看看画这本绘本的作者叫做——罗宾·贝尔德·刘易斯。外国作家的名字比较长。

生：还有出版社。

师：是的，这本书的出版社是21世纪出版社。这个出版社出版了好多好多我们小朋友喜欢看的绘本。还有吗？

生：还有那个翻译。

师：是的，翻译的人名字叫做——

生：雀维燕。

师：这个字是"崔"，读cuī。跟我读，崔维燕。

生齐读：崔维燕。

师：这本书是外国作家写的，所以崔维燕阿姨把它翻译成我们看得懂的文字。现在就请小朋友跟着王教师一起来看一看究竟凯莉为什么觉得红色最棒呢。（多媒体出示环衬）看，这就是这本书的环衬，环衬上写着这样一句话，谁能声音响亮地读给大家听？

生：我妈妈不知道红色有多棒。

师：这里王教师有个问题了，这本书的名字叫做什么呀？

生齐答：红色最棒。

师：那故事里的小女孩名字叫什么？

生齐答：凯莉。

师：那为什么环衬的第一页上写的是"我妈妈不知道红色有多棒"呢？不着急，我们带着这个问题一起走进绘本。（多媒体出示图片）看，这就是凯莉，她的手上拿着一双红色的袜子。凯莉说："我最喜欢我的红袜子。"但是妈妈似乎有不同意见了,妈妈却说:"你穿这双吧,这条裙配白袜子漂亮。"看看图,蓝色的裙子是不是配白袜子更合适一点啊?

生:对。

师:妈妈说得挺有道理的。那么凯莉是怎么想的呢?凯莉说:"可是,穿着红袜子,我能跳得很高很高。"看图,穿着红袜子的凯莉啊,好像有着神奇的力量,跳得多高呀!所以,她时常喜欢低下头看看自己的红袜子说:"我最喜欢我的红袜子了。"凯莉还喜欢她的红夹克,可是妈妈是怎么说的呢?谁来做做妈妈?

生:妈妈却说:"你得穿蓝夹克,外面很冷,红夹克不暖和。"

师:是呀,天气冷了,红夹克会让你生病的。那么凯莉呢,是不是听了妈妈的话呢?可是凯莉说:"穿蓝夹克,我怎么当小红帽呢?"有人知道小红帽是谁吗?有人喜欢小红帽的吗?凯莉和你们一样,也非常喜欢小红帽,她觉得穿上红色夹克就能变成童话故事里的人物了。难怪她说:"我最喜欢我的红夹克。"还有呢。凯莉说:"我最喜欢我的红靴子。"但是妈妈却说:"红靴子是下雨天穿的,下雪不能穿。"现在小朋友们仔细看一看凯莉的表情,你觉得她的表情是怎么样的感觉啊?

生:很高兴。

师:是吗?你高兴的时候脸上眉毛会皱起来吗?

生:她很用力地在穿红靴子。

师：所以她的表情看起来有点吃力，对不对？那我要问问大家了，你觉得凯莉到底是喜欢还是不喜欢这双红靴子呢？

生：喜欢。

师：为什么喜欢啊？你能说说原因吗？

生：因为她不喜欢，就不会那么费力地把它穿上去。

师：对啊！你看，凯莉的个子小小的，靴子又大又重。她宁愿那么吃力也要穿上这双红靴子，说明她喜欢红靴子吗？

生：喜欢。

师：是呀，非常喜欢。而且对凯莉来说，她就能大步大步地向前走，原来穿红靴子能让人变得更精神了。所以，凯莉说——

生齐读：我最喜欢我的红靴子。

师：是呀，凯莉还喜欢——什么东西呀？一起说。

生齐答：红手套。

师：可是妈妈又有不同的意见了。谁来读读妈妈的话？

生：妈妈却说："红手套破了好几个洞，戴棕色的吧！"

师：是呀，我们来看看这副手套，是不是破了好几个洞啊？妈妈说的话有没有道理？

生齐答：有。

师：那么如果你是凯莉，你会同意妈妈说的话吗？有人会，有没有人不会的？我们凯莉很有主见的。那么想想看你是凯莉，你不同意妈妈的话，你会想出怎样的理由呢？

生：可是我戴红手套会很漂亮，换一双就不会显得那么漂亮了。

师：是呀，红色是最漂亮的颜色了，对不对？还有吗？

生：如果我戴棕色的，我拿东西只能拿一件；我戴红色的，就能拿很多件。

师：对呀，红色的手套有神奇的力量。你们想知道凯莉是怎么想的吗？

生齐答：想。

师：可是，戴红手套可以攥出又大又硬的雪球。你们看，这里有一个生字，跟我读zuàn。

生：zuàn。

师：什么叫做"攥"呢？就是像凯莉这样，把地上的雪聚拢在手上，用力把它握紧，摁紧了，这个动作就叫做——

生：攥。

师：红色的手套好像有特别神奇的力量，让凯莉一戴上它，就能攥出——

生齐答：又大又硬的雪球。

师：所以凯莉说："我最喜欢我的红手套。"是啊。刚刚我们看图，已经发现了，凯莉最喜欢她的——（指图片）

生齐答：红袜子、红夹克、红靴子还有红手套。

师：我要请你来发挥想象力，凯莉还会喜欢红色的什么东西？

生：她肯定还会喜欢红色的面具。

生：红茶杯。

生：她还会喜欢红色的裙子。

师：小姑娘喜欢红裙子的对不对？

生：她还会喜欢红色的椅子。

师：是的，椅子也是红色的。

生：她喜欢红色的帽子。

师：还有吗？

生：红裤子。

师：还有很多很多红色的东西。好，接下来我们看一看，谁和凯莉想得最接近呢？凯莉喜欢——

生齐答：红睡衣。

师：刚刚提到红裤子、红衣服、红裙子的举手，已经很接近了。凯莉最喜欢她的红睡衣，但是妈妈是怎么说的呢？来，妈妈你来读读看。

生：黄睡衣厚一点，就是踢掉被子也冻不着你。

师：是啊，妈妈说得多有道理啊，天气冷了，黄睡衣才暖和呢。可是凯莉她是这样认为的，谁来读凯莉的话？

生：可是我睡着的时候，红睡衣能吓走妖怪呀。我最喜欢我的红睡衣。

师：是呀，穿上红睡衣的凯莉，看看她的表情，你觉得她睡得怎么样啊？

生：她睡得很放心。

师：睡得特别安心，很放心。

生：睡得很甜美。

师：对啊，睡得可香了。

生：而且她做的一定是个好梦。

师：没错，所以她的脸上还带着微笑呢。原来穿上红睡衣能够让凯莉变得更勇敢，连妖怪都不害怕了。你说她喜不喜欢红睡衣啊？

生齐答：喜欢。

师：哦，也喜欢。还有，我最喜欢我的红杯子。可是妈妈却不耐烦了，妈妈是怎么说的？

生：妈妈却说："好了，凯莉，这有什么区别啊？我已经把果汁倒在绿茶杯了。"

师：绿杯子。字要看清楚。你看，妈妈已经不耐烦了，红杯子和绿杯子有什么区别呢？可是对凯莉来说，这是不一样的。因为，用红杯子装果汁——

生齐答：最好喝了。

师：连味道都变得更美味了。所以，她说——

生齐答：我最喜欢我的红杯子。

师：刚刚有人猜到红杯子了没有？有人猜对了。恭喜你，和凯莉的想法是一样的。我们再看，凯莉还喜欢她的红发卡。来，跟我读，红发卡（qiǎ）。但是妈妈却说："粉色连衣裙要配粉色的发卡。"好像这样的颜色更漂亮，是吗？

生：对啊。

师：大家都同意对不对，但是凯莉和你们想法都不一样。凯莉是怎么说的呢？谁愿意来做做凯莉？

生：可是戴红发卡头发会高兴地翘起来。我最喜欢我的红发卡。

师：我们来仔细看看凯莉的表情，你能用一个词来形容一下吗？

生：高兴。

生：眯成缝。

师：是的，眼睛眯成缝了。

生：我觉得她心里美滋滋的。

师：没错。戴上这个红色的发卡，连头发都高兴得飞起来了。有没有小女孩和她一样，也喜欢红发卡的？请喜欢红发卡的小朋友起立，我们一起来读读这句话好不好？让我从你们的朗读中听出你们的喜欢，行不行？

生齐答：行！我最喜欢我的红发卡。

师：真棒，掌声表扬自己。除了红发卡，还有什么红色的东西凯莉喜欢呢？凯莉说："我最喜欢红颜料了。"可是妈妈却说："凯莉，红颜料快用完了，你可以用橙色的代替。"可是凯莉是这样说的，她说："用红颜料时，歌声会飞进我的耳朵里。"歌声怎么会飞进耳朵里？你是怎么理解这句话的？什么叫歌声飞进耳朵里？

生：有可能她画画的时候歌声一直在她耳朵里飘来飘去。

师：一边画画的时候一边还在欣赏美妙的乐曲对不对？还有不一样的想法吗？

生：我觉得画画时的"刷刷"的声音会飞进她的耳朵里。

师：凯莉喜欢红颜料，所以用红颜料画画时的声音听起来都特别好听是吗？还有吗？

生：用别的颜色的话小鸟的歌声不会有那么清脆响亮，用红颜料的话就会有这种感觉。

师：是的，我觉得凯莉的想法和你很接近。凯莉特别喜欢红色，所以红色能带给自己美妙的感觉，所以用红颜料画画，所有美妙的音乐也好画面也好都会飞进凯莉的耳朵里、眼睛里，你们觉得是这样吗？

生齐答：对。

师：所以凯莉说我最喜欢——

生齐读：红颜料。

师：看了这么多凯莉喜欢的红色的东西，现在你明白她为什么喜欢红色了吗？有点明白了，所以在这本书的最后，凯莉告诉全世界的小朋友：我最喜欢红色啦！红色——

生齐答：红色最棒！

师：是啊。你看，刚刚大家跟着王教师看看图，读读文字，把这本绘本的大致内容做了了解。我知道，现在很多小朋友想自己翻一翻这本绘本对不对？给大家一点点时间，先听要求。给大家一点点时间自己读一读绘本，然后找一找，你最喜欢哪个画面，为什么。听清楚了吗？开始自己看。

（生自由读绘本，教师走动查看）

师：谁来和大家交流一下，你最喜欢哪一幅画面？你说，你把它举起来给所有的小朋友一起看。

生：我最喜欢这一幅画。

师：举给大家看一看她最喜欢的是这一幅，为什么呢？

生：因为我特别喜欢她头发翘起来。

师：你觉得特别漂亮对不对？和她一样喜欢这里的小朋友举手让我看一看。好像女孩子比较喜欢红发卡。还有和她不一样的吗？我找个男生来交流一下。他最喜欢的是这一页。为什么？

生：因为她能跳得很高，简直要飞到天上去了。

师：凯莉太厉害了是不是？和他喜欢一样画面的举手我看一看。好像这幅画更受欢迎一点。再请个小朋友，我请个坐得比较好的小朋友来代表大家发言。他最喜欢这一幅画，为什么呢？

生：因为我特别喜欢她的红睡衣能吓跑妖怪。

师：红睡衣有神奇的力量。和他一样的举手。刚刚有小朋友交流了自己最喜欢的画面，其实我们的绘本里还藏着许多小秘密。所以我们来看一看绘本的这一页，这幅图上出现了许许多多红色的东西，其实在我们之前的绘本里都出现过。现在我要来考一考二（5）班的小朋友谁最火眼金睛，一下子就能找到红色的东西。请你把它快速举起来，我等下来请你回答。准备好了吗？好，开始！这个小朋友动作很快，你找到了红色的什么东西啊？

生：我找到了红色的颜料、红色的靴子……

师：找一样。

生：红色的颜料。

师：在哪里，翻给大家看。她动作还不够快，要翻到哪一页。你来说，你找到了红色的什么？

生：我找到红色的杯子。

师：这是红色的杯子吗？这是红色的什么？哦，是红色的杯子，她还穿着红色的睡衣是吗？王教师看错了。和他一样找到红杯子的小朋友请举手。有没有找到其他的东西的？举起来给大家看，你找到了红色的什么？

生：我找到了红色的发卡。

师：和他一样找到红发卡的小朋友请举手。厉害的。还有吗？你找到了红色的什么？

生：我找到了红靴子。

生：找到红靴子的小朋友请举手。大家真厉害。现在请你快速地把书放下。刚刚大家都找到了很多红色的东西，真厉害，小眼睛真亮。其实这本书里介绍了很多红色的东西。那么现在王教师要问一下刚刚的那个问题了，在环衬上写着这样一句话：我妈妈不知道红色有多棒。读完了整本书，你能试着说一说吗？为什么是我妈妈不知道红色有多棒呢？

生：就是因为每次凯莉她说，比如她最喜欢红发卡，但是她妈妈却说因为你穿的是粉红色的连衣裙要戴粉红色的发卡。

师：妈妈不太理解凯莉为什么喜欢红色对不对？你来补充。

生：她什么都要用红色的东西，但是她妈妈却理解成用什么颜色代替红色。

师：她妈妈觉得红色的东西没有那么重要是不是？用其

他的也一样，对不对？

生：我打个比方，比如说她喜欢红色的杯子，妈妈却把果汁倒在绿色的杯子，因为她妈妈觉得红色的杯子并不重要。

师：我明白大家的意思了。也就是凯莉很喜欢红色，她妈妈理解她吗？

生齐答：不理解。

师：所以凯莉就和自己的妈妈沟通了，她想让她的妈妈也知道她为什么喜欢红色，红色到底有多棒，你们同意吗？

生齐答：同意。

师：现在先请小朋友把书合上放在边上。刚刚在大家的交流中，很多小朋友喜欢这一幅，也就是喜欢凯莉的红袜子。我们来看一看这一幅，你看，凯莉先告诉大家她最喜欢的是什么东西，她最喜欢的是什么啊？

生齐答：红袜子。

师：没错，她最喜欢她的红袜子。但是妈妈同意她的意见吗？

生齐答：不同意。

师：看看妈妈的话，你从哪里发现，妈妈不同意她的话？

生：因为凯莉说我喜欢我的红色袜子，但是妈妈说穿白色袜子更漂亮。

师：你是从理由发现的对不对？有一个字就告诉大家，她妈妈和凯莉的态度绝对不同。

生：是"却"。

师：没错，小眼睛很亮。有一个"却"字，"却"字告诉我们她觉得凯莉说的不对，她觉得自己说的有道理，而且她还给出了自己的理由，那就是这条裙子配白袜子更漂亮，是不是这样？但是，凯莉很有主见，她非常有自己的想法。她说："可是，穿红袜子我能跳得——"

生齐读：很高很高。

师：这里有一个词"可是"，不仅把这两句话的关系变得更紧密了，而且还告诉了我们凯莉喜欢这双袜子的原因。小朋友你们发现了吗？请你想一想这三句话，再回想一下你刚刚在这本绘本里读到的文字，你有没有发现它们有一个共同的规律啊？

生：凯莉先说我最喜欢，可是她妈妈每次都是反着的。

师：是的，妈妈有自己的想法对不对？

生：是，妈妈说的时候每次都是"却说"。

师：但是凯莉怎么样？

生：她每次都说"可是"。

师：她给出了自己喜欢的理由，对不对？你们和她发现的一样吗？

生齐答：一样。

师：为什么每句话都是这样的呢？我们来看一看这本绘本的扉页。扉页上通常都告诉我们作者为什么要写这本书。我们这本书的作者凯西·斯蒂森在这本绘本的扉页上写了这样一句话。请坐在前面看得比较清楚的小朋友来读一读。

生：献给女儿凯莉，她依然是个有主见的人。

师：她为什么会写这样一句话呢？你是怎么想的？

生：我是这样想的。因为她这本书不是写给别人，而是写给她的女儿。

师：是的，这本书是献给自己的女儿凯莉的。还有吗？

生：因为，一开始妈妈还没理解她为什么喜欢红色，但是后来她理解了她女儿为什么喜欢红色，然后她就写了这句话。

师：我觉得你说得非常有道理。一开始，妈妈并不明白凯莉为什么喜欢红色，但是经过凯莉和妈妈的沟通，现在她明白了吗？明白了。所以她明白了原来我的女儿和别人的想法不一样，她依然是个有主见的人。是不是这样呢？我们再来看一幅图，验证一下。这幅图上凯莉说："我最喜欢我的红手套。"妈妈有不同意见了，妈妈却说："红手套破了好几个洞，戴棕色的吧！"如果你是凯莉，现在你这副手套破掉了，你觉得你妈妈说"戴棕色的吧！"这句话有道理吗？

生齐答：有。

师：为什么要戴棕色的手套？

生：红色手套破了不暖和，棕色手套很暖和。

师：棕色手套更暖和。还有补充吗？

生：因为她要戴手套是因为外面下雪了，破了好几个洞就等于没有戴。

师：对啊，戴上棕色手套能让自己更加保暖对不对？请你想想看，你会戴一副破的手套出去吗？

生齐答：不会。

师：太难看了是吗？妈妈其实说得非常有道理的，你们觉得呢？

生齐答：对。

师：但是凯莉依然是个有主见的孩子，所以她说："戴红手套可以攥出又大又硬的雪球。"凯莉就是这样一个有自己想法的孩子，所以，她不仅喜欢红袜子、红手套，她还喜欢她的红书包。现在，请小朋友们仔细观察一下这幅图，你能用上这样的句子来说一说妈妈为什么不同意，凯莉又有怎样的想法呢？同桌两个小朋友互相交流一下。

师：谁来交流一下你的想法？注意仔细看看图。

生：我最喜欢我的红书包。妈妈却说："红书包是你幼儿园的书包，背橙色的书包吧。"

师：因为这个红书包看上去太小了对吧？

生：可是凯莉却说……

师：你是凯莉，"可是"直接说原因。

生：可是背红书包能让我的脚步加快啊。

师：红书包能让脚步更加轻盈了。有和他不一样的吗？

生：我最喜欢我的红书包。妈妈却说："红书包破了好几个洞。"

师：是啊，你看上面都有补丁了。

生：可是红书包比较轻，我背起来比较方便。

师：是呀，红书包轻轻的，能让我走得更加快。

生：我最喜欢我的红书包。妈妈却说："红书包已经缝了好多次了，你不怕到学校被人嘲笑吗？"

生：可是红书包不论放多少书我都觉得很轻。

师：对，因为你喜欢红色的书包是不是啊？刚刚我们做了做凯莉，看看她最喜欢红色的什么东西。但其实王老师知道，在你们的生活中，是不是也有一样你很喜欢的东西，但是你爸爸妈妈不理解你啊？有的小朋友有的，他一直在点头。今天就给大家这样一个机会，请你也来写一写，你最喜欢什么东西，但是你的爸爸妈妈、你的家人又是怎么劝你不要用它的，你要告诉他你最喜欢它的原因是什么。照着这个样子，请你自己写一写。

（学生习作，教师走动查看）

师：因为时间关系，我们今天在课上还来不及把和爸爸妈妈交流的话写完对不对？没关系，你可以用下课的时间把它完成，回家以后就和你的爸爸妈妈交流一下，你为什么最喜欢这样东西。下课。

教学反思

《红色最棒》是一本和颜色有关的绘本，书中讲述了三岁的小女孩凯莉喜欢红色的东西，但她喜欢的理由却是天马行空的。希望通过这样的一本绘本，能够让二年级的孩子们也能将自己喜欢某样东西的理由说清楚，写清楚，这是我上这堂课的初衷。

因为执教的是二年级的孩子，年龄还比较小，所以在教学过程中我还希望能够渗透阅读绘本的一般方法。比如，我希望孩子们能自己在阅读封面时找到名称、作者、绘图者、译者、出版社等基本信息，这样小朋友在阅读其他绘本时也能自己读读绘本封面，选择和走进自己喜欢的绘本。比如，我在指导孩子们看书时有意把绘本的文字和图片结合在一起。这样让孩子们体会到绘本和一般全是文字的书不一样的地方。再比如，绘本作者在创作绘本时会留下许多小秘密，我设置了让学生找找小秘密的环节，这样的游戏符合二年级孩子的年龄特点，也能调动上课的积极性，在实际教学中他们也非常喜欢。

作为一节绘本课，除了教师带着大家读，我还是希望他们在这堂课中收获一点和语言文字有关的内容，毕竟，作为语文拓展课的阅读课，希望课堂里有那么点"文字"的味道。所以，我通过孩子们自己阅读，让他们发现其实每个片段里都有一个基本句式，我从中重点指导了"却"和"可是"的用法，让他们明白在表达和别人不同的意见时可以用上这样的词把两句话连在一起。

基于以上三个希望，我在年级组开始了一轮轮的试教和修改。在工作坊的研究课上，我的教案还不甚成熟。老师们给我提了很多宝贵的意见，包括孩子们的思维还是受到了教师的限制，在环节的设置上还可以作调整等等。在最后正式上课的过程中，我还是比较好地将我的初衷、我想渗透的方法以及带给孩子们的一些收获揉捏在了一起，基本完成了这节课的教学目标。

当然，绘本研究和教学我才刚刚起步，还有很大的进步空间，我会带着思考继续前行。

研讨

一、弄清几个概念

1. 关于图像

20 世纪 30 年代海德格尔提出了"世界图像时代"的著名预言。在《世界图像的时代》（海德格尔.海德格尔选集 1 世界图像时代 [M].上海：上海三联书店，1996年版）中指出："从本质上看，世界图像不是意指一幅关于世界的图像，而是指世界被把握为图像了。……世界图像并非从一个从前的中世纪的世界图像演变为一个现代的世界图像；毋宁说，根本上世界成为图像，这样一回事情标志着现代之本质。"

2. 关于读图时代

中国社会科学院文学所研究员、中国社会科学院研究生院文学系教授彭亚非，2011 年 1 月 1 日出版专著《读图时代》（中国社会科学出版社）。

另有论文和专著：

郭春林.读图时代文学的处境 [M].同济大学出版社，2007 年 6 月第一版

汤天明.读图时代研究 [D].南京：南京师范大学，2005 届硕士学位论文

杨松芳.解析"读图时代" [J].沈阳师范大学学报（社会科学版）2006 年第 3 期

何丽敏.读图时代的图像与教育 [D].上海：华东师范大学,2007 届硕士学位论文

3. 关于绘本（Picture Book）

绘本顾名思义就是"画出来的书"。指一类以绘画为主，并附有少量文字的书籍。通俗的说法是指有图画、主题简单、情节内容简短的故事书。主要是针对幼儿、儿童的出版品，多以适合幼儿、儿童阅读的内容为取向；但也有供成人阅读的绘本。绘本不仅是讲故事，提供知识，而且可以全面帮助孩子建构精神世界，培养多元智能。

二、绘本与语文教学的关系

课标：非连续性文本

在这堂《红色最棒》的绘本课上，教师不只是让学生读一个故事，而是以绘本为载体，让学生学会方法、锻炼能力。

教师教阅读方法，学生读封面时知道找作者、画家、译者和出版社信息，读扉页时知道扉页上的一句话"献给女儿凯莉，她依然是个有主见的人"，表明了作者为什么要写这本书。

教师还指导学生读绘本时观察图片的方法，除了看图片的整体，还要仔细观察图片的细节，比如看一看凯莉脸上的表情，让学生会读图，能从图片中获取更多信息。

另外，教师还利用绘本中相同的句式来训练学生的语言表达能力，让学生根据"我最喜欢（什么）。（谁）却说（什么）。可是（喜欢的理由）"的句式来表达自己的想法。不过在学生读完绘本后，他们并没有完全明白绘本的主人公凯莉的有主见是非常珍贵的。王教师在让学生学语言时没有关注到让他们学会思维。

案例三 如何把科普文上出"语文味"

教学设计

空气中的"流浪汉"

【教学目标】

1. 在阅读中自主识字，能联系上下文理解词语的意思。

2. 能正确流利地朗读课文。

3. 默读课文，了解课文的主要内容，了解列举数字、对比等写作方法，初步体会科普作品表达的严谨与生动。

4. 了解灰尘的特点，激发学生热爱科学、保护环境的热情。

【教学过程】

一、导入新课，揭示课题

1. 师：用一个词说说你对流浪汉的印象？（板书：流浪汉）

（到处游荡、无家可归、四处漂泊……）

2. 今天的语文课我们就来学学（补齐课题）——32. 空气中的"流浪汉"①

齐读课题

3. 为什么加引号？这个引号有什么作用呢？

（因为文中的"流浪汉"有特殊含义，不是指真正的流浪汉，所以加上引号。）

4.①是什么意思呢？请打开书，请轻声读一读课题旁边的注释。

"科普作家"是专写哪类文章的呢？专写普及科学知识的文章的。

二、初读课文，整体感知

1. 师：本文的作者是著名的科普作家叶永烈先生，我们的这篇课文就是选自他的代表作《小灵通漫游未来》。

（1）分节读课文，读准字音，读通课文。

（2）想想：空气中的流浪汉是谁？（正音"尘"）（课中随机正音"蒸""渣"等）（这个字还能组词"渣子"）

2. 空气中的"流浪汉"是谁？（板书：灰尘）

（多媒体出示第一小节）我们来读读第一小节，看看灰尘与流浪汉有什么相同点？交流，齐读。

三、研读课文，了解灰尘

1. 这是一篇科普文章，它讲述了关于灰尘的哪些知识呢？轻声读课文2—6节。

2. 交流。

（1）教师将学生讨论的结果，归纳为要点板书：

灰尘大小

来源

用处

坏处

管教

● 灰尘很小

（1）指名读第 2 节。用"＿＿＿"划出说明灰尘小的句子。

（多媒体出示）：灰尘很小，一千颗灰尘紧挨着排成队，也只有一厘米长，所以，平常除非灰尘特别多，人们是不感到这些小东西的存在的。

（2）你能想象一颗灰尘有多大吗？作者在这儿形象地打了一个比方。拿出你的尺来看看一厘米有多长，就在这短短的一厘米中有一千颗灰尘紧挨着排成队。用了数字，你现在知道了吧，一颗灰尘小得肉眼几乎看不见啊！

（3）指名读句子。

● 灰尘分布不同

1. 读一读这句话，想想作者用什么方法表达？

（多媒体出示）据试验，城市街道上的一酒杯空气中，有几十万颗灰尘；草木繁茂的山林地带灰尘就少得多，一酒杯空气中只有一百多粒灰尘。

2. 用了什么方法？这儿有个分号，男生读前半句，女生读后半句。通过这些数字你了解到什么？用一句话说说。

3. 小结：句中一个多，一个少，这是在进行——比较。这句话是写"大小"吗？

是写"来源"吗？是通过比较写了灰尘的分布。（板书：分布）第二节写了三个方面。

● 灰尘的来源

（1）它们从哪儿来的呢？轻声读第二节中相关内容，在心中数一数。

（2）快速记一记，指名看谁记得多。

（3）看看图，再轻声读读这部分。

（4）我们已经知道灰尘的来源有五方面，不看书，填上正确的标点：

（多媒体出示）：刮风了，地面上无数的沙粒、泥粉就扬起来了（　　）在工厂里，高高的烟囱吐出浓黑的烟（　　）火山爆发，会带来无数的灰烬（　　）车辆奔跑、人走路，又会带起多少灰尘（　　）此外还有天上的流星，它和空气一摩擦，整个儿都烧掉变成灰尘了，据说每昼夜就有 1430 万吨这样的宇宙灰尘落到地球上。

（5）师引读，讨论：为什么第四个来源后用句号而不用分号？

师：因为前四个写的是地球上的情况，最后一个是地球外太空中的情况，于是前四个用分句形式，最后一个单独来写。科普文就是这样连标点也表达得很准确！

● 灰尘的用处、坏处

（1）（板书——）课文的三、四两节分别介绍了灰尘的"用处"和"坏处"。

齐读第三小节，说说"用处"。

（2）第四节写灰尘的坏处，自己读读看。说说坏处。它的坏处还有吗？

坏处这么多，这样看来灰尘对于我们人类来说真是

害大于利（板书）

（3）想一想：为什么用处少篇幅长，坏处这么多篇幅却短呢？

（看来作者是将读者不了解的、想知道的、不懂的作为重点具体阐述。大家知道的就惜墨如金，少写一些。）

（4）"用处"和"坏处"两节顺序能对换吗？（板书："用处"与"坏处"颠倒）

联系上下文，轻声读读体会体会。（两三人）

（5）这样写才符合逻辑。她真会读书，能联系上下文考虑问题了。指名读第五节。

师：从这两节内容的安排上，看得出在写作顺序上逻辑性很强。我们又一次感受到了作者表达的严谨！（改板书）顺序不能换，应该先写用处，再写坏处。

（6）比较句子：

品词：管教和消灭 哪一句更好。

● 管教灰尘

过渡：那么怎样来管教灰尘呢？（板书前头）

（1）（多媒体出示）第六小节

（2）学生质疑

（"水土保持"：在大地上种上草木，就像给大地穿上了一件保护衣一样，能够紧紧锁住水分，灰尘就不易扬起，这样水土就不容易流失。）

（3）其实植树造林与灰尘的关系前文已经写到过，你能找到吗？

出示句子：

据试验，城市街道上的一酒杯空气中，有几十万颗灰尘；草木繁茂的山林地带灰尘就少得多，一酒杯空气中只有一百多粒灰尘。

（4）小结引读：灰尘怎么这么少呢？关键词是"草木繁茂"，这就是植树造林，绿化大地的作用。所以这才是——最积极、最根本、最主要的减少灰尘的方法，使大风——无法再把泥粉和细沙卷得漫天飞舞。

（5）出示这句话和第六节。其实，作者在写这句话时已为后文的第六节进行了铺垫，埋下了伏笔。前文和后文相呼应。

四 总结全文，归纳内容。

1. 同学们，大自然的力量我们无法抗拒，我们只有从根本上加强环保意识，减少人为因素产生的灰尘，多植树造林，绿化大地，才能"管教"好这些空气中的"流浪汉"，让它们听话。

2. 小练习：

（多媒体出示）：

这篇课文主要想告诉我们：

（1）灰尘是很微小的，一千颗灰尘紧挨着排成队，也只有一厘米长。（　　）

（2）空气中到处都有很小的灰尘，它虽然也有用处，但坏处更多，人类想了很多办法"管教"灰尘。（　　）

（3）灰尘的坏处很多，但也还是很有用的。（　　）

3. 换课题：教师的板书中出现的都是"灰尘"这个词，

把课题换成《灰尘》行吗？为什么？（指着板书）

（是啊，这样的课题才生动形象，才能吸引大家去看，这个课题用得真好！再读课题）

4. 师小结：通过刚才课文的学习，我们感受到叶永烈先生用十分严密的思维、极其精准的用词，既生动又准确地向读者介绍了一个科学常识。懂得了以后读科普类文章不仅要了解科学知识，还要关注作者的表达，体会出语言文字中的科学味道。

板书：

32. 空气中的"流浪汉"

	大小		用处		
灰尘	分布	———		——→	管教灰尘
	来源		坏处		

课堂实录

一、导入新课，揭示课题

师：用一个词说说你对流浪汉的印象？（板书：流浪汉）

生：流浪汉就是流浪在外的男孩子。

生：没有家庭。

生：单身汉。

师：无家可归的，脏兮兮的就是流浪汉。

今天的语文课我们就来学学（补齐课题）32.空气中的"流浪汉"①

指名读、齐读课题

师：读了课题你有什么疑问？

生：空气中怎么有流浪汉？

生：流浪汉是什么？

生：难道他不是真正的流浪汉吗？为什么要打上引号？

师：什么要打上引号？

还有一个问题教师想问，为什么标题边上有一个小小的①呢？

师：这是一个注释，请小朋友们把语文书打开，翻到116页，请大家看一下这段注释①。谁来读一读注释①？

生读注释。

师：好，请坐。这篇文章的作者叫叶永烈，他是著名的科普作家。科普作家是专门写哪类文章的呀？

生：关于科技的。

师：嗯，专门写科技、普及科学知识的文章的，我们今天学的课文就是选自他的著作《小灵通漫游未来》。

师：在学这篇课文之前，我们先来回顾一下在上个学期学过的一些说明方法，谁有印象？

生：打比方。

生：列数字作比较。

生：举例子。

师：说明方法主要有以上这些，小朋友们都记住了吗？今天我们就来学习一下第32课。

二、初读课文，整体感知

师：请同学们看一下自学要求1.我请同学们分节读课文、读准字音，读通课文。2.我想请同学们讲一讲课文中所指的空气中的流浪汉是指谁？

学生读课文

师：好，请坐！我们来看一下这些词语你们都会读吗？开一列小火车来读。

学生按顺序读

师：好的，这里有些需要注意的词。烟囱，平舌音，读第一声；灰烬，前鼻音；渣滓的滓，第三声，跟我一起读；白瓷碗，平舌音；还要注意，水蒸气，后鼻音。每个词读两遍，预备起。

学生读词语。

空气中的"流浪汉"是谁？（板书：灰尘）

师：刚才小朋友们听完课文，大家知不知道这空气中的流浪汉它到底是指什么呢？一起告诉我——灰尘。

（板书）对了，这篇文章的主人公啊就是灰尘。那么灰尘和流浪汉到底有什么相同的地方呢？我们来看看第一小节。

（多媒体出示第一小节）我们来读读第一小节，看看灰尘与流浪汉有什么相同点？男生齐读。

师：从文章中你们能不能找到空气中的灰尘跟流浪汉有什么关系吗？

生：灰尘和流浪汉都是东碰西撞、到处游荡的。

师：难怪呀，作者要把灰尘比作流浪汉啦。第一个问题我们解决了，这里所指的流浪汉并不是真正的流浪汉，因此作者要在标题上的流浪汉加上双引号。对了，科普文就是这样，连标点符号都用得这样准确。请女生再来读一读这个小节。

女生齐读。

三、研读课文，了解灰尘

师：这是一篇科普文章，它一定介绍了许多有关灰尘的知识，轻声读课文两至六节，边读边想，它究竟介绍了关于灰尘的哪些知识呢？请你用概括的语言向教师汇报交流。

师：好，读得差不多了。大家能不能用概括的语言来说一说，课文向我们介绍了哪些关于灰尘的知识呢？

生：它和空气一摩擦，整个就烧掉变成灰尘……

师：哦，你找的是书上的句子，尝试用概括的语言来介
绍一下好吗？

生：他讲了灰尘从哪里来的。

师：灰尘从哪里来的，这个就是——灰尘的来源。
哦，很好！你在第几小节找到的啊？第二小节还有别的
知识吗？

生：一千颗灰尘排列在一起只有一厘米。

师：这是灰尘的什么啊？——灰尘的大小。还有什么
啊？再找找。

生：它的用处。

师：灰尘的用处。哦，既然找到了它的用处，那么就会
有它的坏处，小朋友们还有找到什么的吗？

生：捕捉灰尘的方法。

师：哦，捕捉灰尘的方法，管教灰尘的方法这个是说明
管教灰尘的方法，可不是灰尘自己的知识了，对不对？
（教师将学生讨论的结果，归纳为要点板书：

灰尘大小

来源

用处

坏处

管教 ）

● 灰尘很小

（1）师：好，小朋友暂时找到了这些。那我们来一起
看一看灰尘的大小。谁能找到课文中哪一句话描述了灰
尘的大小？

生：在第二小节（读第二小节）

（多媒体出示）：灰尘很小，一千颗灰尘紧挨着排成队，也只有一厘米长，所以，平常除非灰尘特别多，人们是不感到这些小东西的存在的。

好，请告诉教师，从这一节中你能看出来灰尘怎么样？

生：灰尘很小。

师：哎，你从哪儿看出来灰尘很小？

生：一千颗灰尘紧挨着排成队，也只有一厘米长。

师：好的，你找到的是一个数字，一千颗灰尘紧挨着排成队，也只有一厘米长，这里从数字的角度来衡量灰尘。

（2）师：请小朋友们拿出你们的尺子来看一下一厘米有多长。（学生看尺）在这么短的距离里面居然有一千多个灰尘，由此可见灰尘是非常——小。基本上肉眼是不可见的。我们来一起读一读这句话。

学生齐读

师：这么抽象的问题，作者就用数字的方法把道理写得简洁明了，而且非常清晰。

● 灰尘分布不同

师：那第二小节也用了列数字的方法，是哪一句？

生：此外，还有天上的……宇宙灰尘落到地球上。

师：有没有其他补充的啊，这句讲得不太准确。

生：据试验……只有一百多粒灰尘。

师：非常好，请坐。这段话的句子之间有个分号，这儿有个分号，男生读前半句，女生读后半句。

男女生读。

师：这句话也用了列数字的方法。城市街道上的一酒杯空气中，有几十万颗灰尘；而草木繁茂的山林地带一酒杯空气中只有——一百多粒灰尘。

我们来仔细地观察一下。城市街道上的灰尘怎么样，山里的灰尘怎么样？

生：城市地带的灰尘比山林地带的多得多。

师：哦，城市地带的灰尘多，山林地带的灰尘少。

师：句中一个多，一个少，这是在进行——比较。

师：这句话是写"大小"吗？——不是。写"来源"吗？——不是。那是什么？刚才你们没有想到的。

生：灰尘的多少。

师：不是，教师来告诉你们，作者是在讲灰尘的分布。那么从这句话我们能看出灰尘的分布是什么样的呢？一个地方多一个地方少，这叫？

生：两个地方的灰尘数量不同。

生：分布不均匀。

师：分布不均匀，很好。那我们再来读一遍这句话。

齐读句子。

● 灰尘的来源

师：是呀，那么这么多灰尘是从哪里来的呢？请小朋友们接着往下看，自己读一读，数一数灰尘主要来源有多少种？

生：我找到了五种来源。第一种是从地面上来的，第二种是工厂里来的。

生：火山爆发。

生：车辆奔驰，人走路。

生：天上的流星。

读一读这句话，想想作者用什么方法表达？

师：能不能把这五种来源快速记一记，同桌一起，看谁记得多。

同桌合作学习。

师：看看图，再轻声读读这部分。

齐读。

师：我们已经知道灰尘的来源有五方面，不看书，填上正确的标点：

（多媒体出示）：刮风了，地面上无数的沙粒、泥粉就扬起来了（　　）在工厂里，高高的烟囱吐出浓黑的烟（　　）火山爆发，会带来无数的灰烬（　　）车辆奔跑、人走路，又会带起多少灰尘（　　）此外还有天上的流星，它和空气一摩擦，整个儿都烧掉变成灰尘了，据说每昼夜就有1430万吨这样的宇宙灰尘落到地球上。

生：都是分号。

生：最后一个是句号。

师：为什么第四个来源后用句号而不用分号？

生1：因为它最后一个是"此外还有——"

师：你发现了关键。那么什么此外？前面四个都是？

生1：前面四个都是没有这个词的。

师：它们都是从哪里来的？

生1：它们都是从地面来的，最后一个是从空中来的。

师：因为前四个写的是地球上的情况，最后一个是地球外太空中的情况，于是前四个用分句形式，最后一个单独来写。科普文就是这样连标点也表达得很准确！

师：学完了灰尘的来源、大小和分布之后，我们来学习一下作者在文中运用的说明方法，来把这两句句子说具体了。

生：河水很清，可以看见自己的影子。

生：河水很清，犹如一面反光的镜子。

生：河水很清，它比镜子还要亮。

师：我们再来看第二句，姚明个子很高，我看谁会用不同的方法说。先用作比较。

生：姚明个子很高，犹如一棵参天大树。

师：这是作比较吗？

生：姚明个子很高，比一个成年人个子还高。

师：哦，比一般成年人个子都高是吧？再用列数字的方法吧。

生：姚明个子很高，两个我大概都没有他高呢。

师：哦，姚明的身高有2.26米呢。

● 灰尘的用处、坏处

师：刚刚我们了解了灰尘的大小、分布和来源，现在我们一起来看看灰尘的用途。

谁来读课文？

学生读课文。

师：非常好，请坐。谁能用一句话来概括一下灰尘有什么用处？

生：如果没有灰尘就不能下雨。

师：很好，你找到了，没有灰尘天就不能下雨，说明灰尘的作用——很大，会改变人们的气候的。教师这边准备了一张图片，我们来看一下，根据课文内容地面上的水汽上升到天空中以后，需要什么？——灰尘。水蒸气通过灰尘聚集到一起，然后啊，这些水蒸气就越变越大，最后这些水蒸气从空中掉落下来，就变成了什么？

生（齐）：雨。

师：这就是灰尘的作用，请女生把句子读好读正确了。

女生齐读。

师：说完了灰尘的用处，我们来说一下灰尘的坏处。灰尘的坏处也是很多的，谁来说一下灰尘的坏处？

生：灰尘的坏处是有时候会迷人的眼睛，呛人的鼻子，会使呼吸道发炎。

师：这是对人们的坏处，还有吗？

生：落在……

师：小朋友们说了那么多灰尘的坏处，可见灰尘的坏处非常多。男生一起读。

男生齐读。

师：除了课文里面讲的坏处，大家还知道灰尘的哪些坏处吗？

生：如果灰尘落在嘴巴里会使我们咳嗽。

生：如果掉进水里会使水脏了。

师：会污染水源，我们来看一下。（雾霾　沙尘暴）

师：小朋友们来看一下我们课文的第三小节介绍了灰尘的用处，第四小节介绍了灰尘的坏处。但是第三小节的篇幅比第四小节的篇幅要长，大家知道为什么吗？

生：灰尘的好处要比坏处多得多。

师：灰尘的用处十分重要是吗？能让天下雨。

生：如果也介绍得很详细会很啰嗦。

师：在学这篇课文之前，小朋友们知不知道灰尘有什么用处呢？——不知道。但是在学这篇课文之前，小朋友们知不知道灰尘有什么坏处吗？——知道。所以啊，作者把大家不知道的东西多写一些，把大家都清楚的东西少写一点。

　　"用处"和"坏处"两节顺序能对换吗？（板书："用处"与"坏处"颠倒）

联系上下文，轻声读读体会体会。（两三人）

● 管教灰尘

师：这样看来，我们就不得不——（多媒体出示第六小节）生（齐）：管教管教这些灰尘了。

师：那么大家觉得把管教换成消灭好不好？

生（齐）：不好！

生：因为太贬义了。

师：为什么不能消灭灰尘啊？

生：因为这个又不是真人，要消灭的是那种坏蛋。

师：哦，说明它不是坏蛋，它还是？

生：有用处的。

师 ：灰尘无处不在，连肉眼都看不见，大家觉得人类可以消灭它们吗？——不可以。所以，这样看来，预备起——

学生齐读。

师：怎么管教空气中的流浪汉呢？来读一下最后一段话。

学生齐读

师：最简单的捕捉灰尘的方法是？

生：使用吸尘器。

师：最有效的捕捉灰尘的方法是？

生：是进行大规模的……

师：作者在这里为什么要连用三个最？

生：因为植树造林是唯一的办法，而且可以让我们拥有新鲜的空气，所以说非常重要。

师：水土保持，植树造林，绿化大地对灰尘、对我们空气的功能非常大，是吧？

其实作者在前文就已经埋下伏笔了，我们来找一下前文，看一下课文的第二小节，有没有线索告诉你，为什么他说这是最根本、最有效的减少灰尘的方法？

生：据试验……

师：这里有个关键词，什么地方的灰尘就少得多？

生（齐）：草木繁茂的山林地带。

师：草木繁茂的山林地带灰尘就少得多。所以啊，作

者就说最积极、最根本、最有效的减少灰尘的方法
是——

生（齐）：进行大规模的……

师：好，小朋友们再来练习朗读一下课文。

同桌练习。

全班齐读。

师：大自然的力量我们无法抗拒，人类能做的就是多
植树造林，多还大自然一些绿色，从而来减少灰尘。

四 总结全文，归纳内容

师：同学们，大自然的力量我们无法抗拒，我们只有
从根本上加强环保意识，减少人为因素产生的灰尘，
多植树造林，绿化大地，才能"管教"好这些空气中
的"流浪汉"，让它们听话。

小练习：

（多媒体出示）：

这篇课文主要想告诉我们：

（1）灰尘是很微小的，一千颗灰尘紧挨着排成队，也
只有一厘米长。（　　）

（2）空气中到处都有很小的灰尘，它虽然也有用处，但
坏处更多，人类想了很多办法"管教"灰尘。（　　）

（3）灰尘的坏处很多，但也还是很有用的。（　　）

师：教师的板书中出现的都是"灰尘"这个词，把课
题换成《灰尘》行吗？为什么？（指着板书）

生：他想让我们看了课题以后就忘不了课题，想去阅

读这篇课文。

师：是啊，这样的课题才生动形象，才能吸引大家去看，这个课题用得真好！

师小结：通过刚才课文的学习，我们感受到叶永烈先生用十分严密的思维、极其精准的用词，既生动又准确地向读者介绍了一个科学常识。懂得了以后读科普类文章不仅要了解科学知识，还要关注作者的表达，体会出语言文字中的科学味道。

教学反思

如何扎扎实实地上好一节语文课，在执教了《空气中的"流浪汉"》一课后我有了新的思考。最初备课时，真的感到这样的说明文语言浅显，通俗易懂没有太多的内容可以挖掘，没有太多的情感可以去体悟。但细细读来，不禁豁然开朗。注重品词品句，为学生创造一个比较大的语言实践活动的空间，烹制出一堂语文味十足的课这应是我要努力追求的。

在教学中，对学生一读就懂的内容，我省去了教师的串讲，以读代讲，节约大量时间，使学生有充分的时间诵读领悟。整堂课，我创造多种表达的机会，紧扣重点词句设计语言实践的练点，收到了较好的教学效果。在学习第四节时，学生要借助课外资料，运用本节中的"总分"句式，将所查资料用简练的语言加以概括，说说灰尘带给人类的危害。这一训练对有的学生来说有一定难度，我在学生练写时适当点拨，帮助学生恰当运用语言。我采用小组合作的方式，让学生根据所查资料用简练的语言从一个方面加以概括。学生的积极性很高，跃跃欲试。在自主合作交流中，学生整合小组成员的内容，精彩的答案生成了：灰尘的害处是很多的：积尘会使电器设备运行产生的热量不能正常散发，易引起电路的短路或漏电；烟囱中的烟雾灰尘影响空气质量，长期吸入不利于人的健康；我国北方地区受到沙尘暴的侵害，严重影响了人们的正常生活……这样通过举例子来说明事物的方法就自然地迁移到学生的语言实践中。从这里，学生体会到管教空气中的"流浪汉"的意义，心灵受到震撼，触摸到了作者从心底发出的呼唤：保护环境，刻不容缓。语文的工具性和人文性悄然牢牢地粘在一起。

　　本节课的高潮源于最后一个环节。在学生有了前面的学习和体验后，多媒体出示我国自1992年至今发生的沙尘暴的相关报道，旨在给学生创造一个广阔的思维空间，使学生在情感上和作者产生共鸣，让学生在自主、合作、探究的学习氛围中制定出管教沙尘暴的方法。学生思维越来越活跃，许多奇思妙想在他们的脑中闪现。此时让学生动笔去写，可谓"情动而辞发"。对那些有一些科学小知识的学生来说，他们的想法比较有可行性，也有一定的科学依据，相反，有的学生因为科学知识的欠缺，想法有些不切实际。但是在这里，我鼓励学生发表自己的独特见解，让每个学生鲜明的个性和智慧锋芒毕露地表现出来。学生对文本的理解深刻了，认识也随之提高，自然文本的人文价值也就提升了。通过这一教学环节，学生的创造能力得以体现，情感得到升华。随着课的结束，"保护环境，爱护环境"已成为我班所有学生的呼声。

教学中有许多不确定的因素，因此教师在教学设计的时候应从学生的实际出发，真正处理好预设与生成的关系，唯有这样我们的语文课堂才能充满活力，才能绽放异彩。

研讨

本文是一篇语言浅显、通俗易懂的说明文，分别从灰尘的大小、数量、来源、用处和坏处以及管教灰尘的方法这六个方面来介绍灰尘。近年来，环境保护已经成为世界关注的话题，如何治理灰尘、管教灰尘是我们每个公民应该关心的问题。

一、结合语境，理解重点词语

文中有这样一句话："清晨，当一束阳光照到室内时，你就会看见光亮里有无数个小颗粒在东碰西撞，到处游荡。这便是空气中的'流浪汉'——灰尘。"这句话中的"东碰西撞""到处游荡"生动地写出了灰尘作为流浪汉的特点。为了让学生感受灰尘无处不在的特点，王教师引导学生从句子中找出突出灰尘特点的词语加以理解，学生通过对"东碰西撞""到处游荡"在语境中的理解，总结出灰尘的特点，体会到作者运用比喻的生动形象。

二、抓住重点，学习说明方法

本文的语言通俗易懂，在教学中，对学生一读就懂的内容，王教师省去了教师的串讲，以读代讲，节约大量时间。对于说明文常用的说明方法，则花了较多的时间，引导学生自己去发现文中运用的说明方法，感受说明方法所表达的特色，在语言环境中感受说明方法的准确、生动。例如："灰尘很小，一千颗灰尘紧挨着排队，也只有一厘米长，所以平常除非灰尘特别多，人们是不大感到这些小东西的存在的。"灰尘的小是很难表达清楚的内容，作者运用了列数字的方法就将灰尘的小写得形象生动了，学生通过数字能清晰地想象出它们的样子。

三、关注表达，掌握说明方法

学以致用是关键。在了解了文中的说明方法后，王教师指导学生运用文中的"列数字"和"作比较"的方法将句子写具体。王教师紧扣课后词句活动设计语言实践的练点，设计了"姚明很高，＿＿＿＿＿＿＿＿＿＿＿"以及"河水很清，＿＿＿＿＿＿＿＿＿＿"这两句话。学生在学习课文的基础上，基本能够较好地完成这两句话。但在实际操作中发现，学生在写句子时还存在语句不通顺、运用说明方法不恰当的问题，需要教师及时指导。

案例四 初中散文教学

教学设计

生命的舞蹈

执教：陈晨

课题		生命的舞蹈
（三维目标）	知识与技能	①学会从课文标题入手，层层深入地剖析文章。②让学生深入文本，培养学生概括、解析能力。
	教学方法	通过朗读与圈划，抓住文本主要信息，体味重点语句的含义。
	情感态度与价值观	①感受生命的坚强与伟大，培养学生自强不息、乐观奋进的人生态度。②通过典型事例或结合自身经历，谈谈对生命的感悟。
教学重点		掌握从标题入手，抓关键词句，整体感知全文的方法。
教学难点		理解"生命的舞蹈"的内涵，品味文中重点句子的深层含义，感受生命勃发的活力。
教学课时		1 课时
突破口		从标题入手，抓关键词句，整体感知全文。

教学过程	教师活动	学生活动
	一、导入 (5min) 1.导语：（1min） 师：大家认识 PPT 上的两位舞者吗？ 师：没错，细心的同学一定发现了，他们俩是"中国达人秀"的选手——	生：（小声嘀咕）中国达人秀

教学过程	教师活动	学生活动
	马丽和翟孝伟。2010 年，他们登上了中国达人秀的舞台，用精湛的舞技感动了数亿中国人。 在上课之前，我们先一起来重温下他们的舞蹈吧！ 2. 播放视频（3min） 3. 师：视频已播完，同学们能不能来和大家分享下看完视频后的感受呢？ （引导：为何惊叹？因为他们的舞姿如何？→尽管身有残疾，但他们的舞姿非常优美、高雅，让人叹为观止。） 师：没错！在我们今天所学的课文中也有一对像视频中的马丽和翟孝伟一样，身有残疾却热爱舞蹈的夫妇。那么究竟是什么样的力量支撑着这些残疾人舞蹈者，让他们能无视自身的缺陷，创造出让人惊叹的美妙舞姿呢？这节课就让我们走进作家楚女的《生命的舞蹈》一文，一起来寻找答案。（1min） 请大家把书翻到第 46 页（板书：课题） 二、教学过程 1. 解读文题。 师：打开书本，最先映入我们眼帘的便是文题。我们一起来看一看："生命的舞蹈"这一短语中，中心词是哪一个呢？	 生: 令人惊叹 等。 生: 舞蹈。

教学过程	教师活动	学生活动
	师：对！中心词是舞蹈（在板书舞蹈下划上双横线）那么全文一共讲了几段舞蹈呢？请大家快速地浏览全文，找一找文中共描写了几段舞蹈、舞蹈的主人公又是谁。 （巡视学生，提醒学生边读边标上小节号） 师：应该读得差不多了，同学们能告诉我了吗？一共描述了几段舞蹈？ 师：能不能请你告诉我，你划分的依据是什么？（文中有没有概括性的句子？） 师：非常好！那么两次舞蹈的主人公分别是谁？第一次是？ 师：第二次是？ 3. 第六段的概括句中，除了看到有明确的数字"两次"之外，同学们一定也留意到了前面的定语"不同形式的"，那么两次"生命的舞蹈"在形式上究竟有何不同呢？ 请大家边听我朗读文章的第一至第五段，边拿起手中的笔在文中用横线划出两次舞蹈发生的时间、地点和事情。 （配乐朗读）注：背景音乐轻一些	生1：两次。 生1：第六段："上苍……不同形式的两次生命的舞蹈。" 生2：残疾夫妻（与他们的朋友们） 生3：窑师傅的小女儿。

教学过程	教师活动	学生活动
	PPT 演示： 	时间	地点	人物	事情	 夜幕降临 对门人家 残疾夫妻 不顾残疾跳起 （现在） 及其朋友 火的舞蹈 三十年前 砖瓦窑 七八岁的 在艰难的条件下 （下放劳动的地方） 小女孩 把劳动变成舞蹈 师：除了在时间、地点、事情上不同之外，两段舞蹈的主人公面对的困境是不是也是不同的呢？ 对于残疾夫妻而言，他们所面临的困境是？	生：残疾。
	那么对于小女孩而言呢？	生：艰难的条件→贫困。
	师：所以，我们现在能够解答第六段中"不同形式"究竟不同在何处了。 面对这两种不同的困境，残疾夫妻舞蹈的形式是？	生：跳舞。
	师：小女孩的形式则是？	生：劳动。
	师：尽管两次舞蹈在时间、地点、事情、困境、舞蹈形式上有那么多的不同，但我们不难看出两者之间仍有共同之处：（第五段："这样欢乐的形式"） 板书： 困境 舞蹈形式 残疾人 残疾——跳舞 生活 ——同——欢乐的形式，积极乐观的生活态度 小女孩 贫困——劳动	

教学过程	教师活动	学生活动
	4.那么这种乐观的生活态度是不是也带给了作者不小的触动呢？作者看待他们的心理是不是也发生了变化？ 请同学们在文中圈划出表现作者心理活动的词语，看看作者前后的心理活动发生了怎么样的变化。 PPT 演示： 残疾夫妻：　怜悯→大吃一惊 小女孩：　　怜悯→陷入对生命的沉思和叩问 师：想一想，为什么会有这样的变化？对残疾夫妻的"怜悯"是因为？ 师：对小女孩的"怜悯"是因为？ 师：之后，作者对残疾夫妻的"怜悯"之情转化为"大吃一惊"的原因是？	 生：夫妻双方都是残疾人，他们的生活必定艰难。 生：小女孩"一身衣服缀满补丁，正当读书和游戏的年龄，就过早地承担了生活的艰辛"。 生：在作者看来，他们的生活充满艰辛，必定很难拥有像健全人那样快乐的生活，但他们却出乎作者意料，他们在舞蹈，"他们的舞蹈火一般忘情、热烈"。

教学过程	教 师 活 动	学 生 活 动
	师：对小女孩由"怜悯"到"陷入对生命的沉思和叩问"的原因又是什么？	生："艰辛的劳动在小女孩身上却成了舞蹈，她蹦蹦跳跳舞着工具，全无一点悲愁"。这使得作者陷入对生命的沉思，对生命的本质的思考。
	5. 师：正是他们这种乐观、积极的态度触动、甚至可以说是感动了作者，这才让我们的作者开始"陷入对生命的沉思和叩问"："生命的本质"到底是什么呢？ 这又让我们回归到了问题："生命的舞蹈"中，两次"舞蹈"已经解决了，那么"生命的本质"到底是什么？ 请大家一起朗读文章第五段，一起来找一找，生命的本质到底是什么。	（生：朗读） 生：第六段："生命从一降生，就穿上了一双红舞鞋。这是生命的本质，是在任何艰难困苦的情况下都会唱歌，都会欢乐的原因。"
	师：好，那请你告诉我，"这是生命的本质"中的"这"究竟指的是？	生："这"→"生命从一降生，就穿上了一双红舞鞋。"

教学过程	教师活动	学生活动
	师：如何理解"红舞鞋"？ 用"红舞鞋"比喻像火一样热情的积极的（引导：红色给人的感觉？热情）生活态度。 板书： 生活中的每个人，从降生的那一天起，就穿上了一双火红的舞蹈鞋，也正是有了这双鞋这种积极热情的生活态度，我们才能战胜生活中的艰难险阻。 师：所以"生命的本质"是？ （PPT 展示） 6. 拓展延伸 师：为了印证这一观点，作者在文末又进一步陈述了"生命的本质在于舞蹈"的原因。请大家齐读文章的第七小节，想一想：你能够举一些用乐观积极的态度来面对生活困境的事例来印证作者的观点吗？ （生：读完后） 师：战争？二战，抗日战争…… 灾难？2008年汶川大地震…… 病痛？2003年SARS肆虐；残奥会…… 死亡？……	 （生：自由讨论）

小结	所以现在大家一定明白文题"生命的舞蹈"的含义了。生命的本质是一种"热情乐观、积极拼搏、顽强不息的生活态度"，无论你遇到何种不幸、何种困境，只要你用高昂的乐观态度坦然面对，生命就如舞蹈一般优美而有激情！
布置作业	1.结合一些典型的积极乐观面对困境的事例，或结合自身的经历，写一篇对课文的读后感。（120字左右） 2.推荐阅读： 乙武洋匡　《五体不满足》 于娟　　　《此生未完成》

课堂实录

师：同学们，来看看PPT上的图片。你们认识PPT上的两位舞者吗？

生：（小声嘀咕）中国达人秀。

师：谁说认识的，说说看。

生：就是看电视，看一段节目的时候看到他们两个人跳舞。

师：是哪个节目还有印象吗？好像没什么印象了，是吧？好，请坐。那大家观察一下，这两位舞者和我们普通认知中的舞者有什么两样？你说。

生：我认为他们是残疾人。

师：好的，男舞者他缺了一条腿，女舞者缺了一只手。好的，观察得非常仔细。

师：他们俩是"中国达人秀"的选手——马丽和翟孝伟。2010年，他们登上了中国达人秀的舞台，用精湛的舞技让数亿中国人都记住了他们的名字。

在上课之前，我们先一起来重温下他们的舞蹈，好吗？

2.播放视频

3.师：好的，视频已经看完了。同学们刚才的表情告诉我，同学们都非常专注。看完这段视频之后你们有什么感触，同学们能不能来和大家分享下看完视频后的感受呢？

生：他们十分的厉害，虽然是残疾人，一点都没有因为自己是残疾人而自卑。

师：他们的舞姿怎么样？

生：优美。

师：非常的优美。很好，请坐。在今天我们所要学习的课文中也有一对像马丽和翟孝伟这样，即使身有残疾，但热爱舞蹈的夫妇。那么到底是什么样的精神支撑着他们，让他们能够无视自身的缺陷，跳出令人惊异的舞蹈呢？今天就让我们走进《生命的舞蹈》，一起去一看究竟。

生把书翻到第46页（板书：课题）。

一、**教学过程**

1.解读文题

师：好，打开我们的文本，最先映入我们眼帘的便是文题——"生命的舞蹈"五个大字（板书）我们一起来看一看："生命的舞蹈"这一短语中，中心词是哪一个呢？

生：舞蹈。

师：对！好的，非常好。我们说中心词是舞蹈（在板书"舞蹈"下划上双横线），而"生命"是对它的一个修饰词。那么问题来了，在整篇文章当中，作者一共描写了几段舞蹈呢？好，大家没有预习过，是吧？好，现在请大家开始速读文章，找一找文中共描写了几段舞蹈、舞蹈的主人公又是谁。

（巡视学生，提醒学生边读边标上小节号）

2.师：嗯，听清楚问题啊，文章写了几次舞蹈，而不是"舞蹈"这个词出现了几次。再找一找，舞蹈的主人公分别是谁。

师巡视。

师：读完了吗？读完了的话，抬起头来看着我，让我知道你已经完成了。我们再等两个同学，他们好像没有看向我。好了，好。

师：应该读得差不多了，同学们能告诉我了吗？一共描述了几段舞蹈？你来说——

生：讲了两段舞蹈。

师：能不能请你告诉我，你划分的依据是什么？（文中有没有概括性的句子？）

生：第三节讲的是一对残疾夫妇。

师：好，她把主人公给找了出来。残疾夫妇。那第二段呢？

生：第二段是一个小女孩。

师：好的，非常好。同学们你们有没有找到和他们一样的一句啊。找到的举个手，找到了两个主人公，所以你认为本文讲了两次舞蹈。那同学们说说课文中有没有直接的依据说明是写了两次舞蹈吗？

生：第六段："上苍……不同形式的两次生命的舞蹈。"

3.师：非常好！同学们有没有找到这句话？找到的请举手，我看一下。哦，很好，都找到了。通过这句话当中，我们可以看到什么呀？它直接点明了原来文章一共描写了两段舞蹈，主人公正如刚才这位同学所说的，第一次是残疾夫妇和他的朋友们，第二次是小女孩。那我们说，除了在这句话中看到数量词"两次"之外，有没有同学留意到前面的定语啊——不同形式的。那么两次"生命的舞蹈"在形式上究竟有何不同呢？

请大家边听我朗读文章的第一至第五段，边拿起手中的笔在文中用横线划出两次舞蹈发生的时间、地点和事情。现在我来为大家朗读一下，文章的第一段到第五段。请同学们呢，来完成这张表格，完成两次舞蹈的时间、地点和事件。

请同学们仔细听，一边听一边做圈划，注意时间地点和事件。（师配乐朗读）

PPT演示：

时间	地点	人物	事情
夜幕降临（现在）	对门人家	残疾夫妻及其朋友	不顾残疾跳起火的舞蹈
三十年前	砖瓦窑（下放劳动的地方）	七八岁的小女孩	在艰难的条件下把劳动变成舞蹈

师：好，我们发现，两次舞蹈的时间、地点和事情各不相同，两段舞蹈的主人公面对的困境是不是也是不同的呢？

对于残疾夫妻而言，他们所面临的困境是什么呢？来一起说，他们有什么困境呢？

生：残疾。

师：很好。那么对于小女孩而言呢？

生：艰难的条件→贫困。

师：我们用两个字来概括一下，艰难？艰难是指三十年前的生活环境非常简陋而且贫穷，所以，同学们我们现在能够解答了吗？两次舞蹈说是不同形式。两次舞蹈形式是，在面对这样的困境，我们的残疾人是——

生：跳舞。

师：而面对贫穷的困境，小女孩的形式则是？

生：劳动。

师：好。尽管我们发现，这两次舞蹈它的事件地点时间人物，包括困境和形式各不相同，但我们不难看出两者之间仍有共同之处。谁能告诉我？这边靠窗的第三个女孩来说一下。

生：他们的相同指的是，他们的生活条件和环境都有所缺陷，但是他们都非常自信地在那里舞蹈。

师：好的，那这种自信是来源于何处？

生：是因为……

师：先把你的词板书上来。好，自信。想一想，他们的自信是来自何处，他们都非常欢乐啊，欢乐的背后是什么呢?

生:乐观积极的人生态度。

师:好,我们说正是这种积极乐观的人生态度感染了作者,我们作者的心情也发生了变化。

板书

	困境	舞蹈形式
残疾人	残疾——跳舞	
		同:欢乐的形式,积极乐观的生活态度
小女孩	贫困——劳动	

师:同学们,找一找,文章当中表现作者心情的词语,然后再想一想到底他的心情发生了怎样的变化呢?

生阅读圈划。教师巡视。

师:注意啦,划词语的时候要怎么样?用圈,划句子的时候,用线,这个习惯要养成。……好,我想请同学们……找得差不多了吧,再给你们时间。

师:好,来,全体看向我了,谁来告诉我到底他的心情发生了怎样的变化,来想一想在面对残疾人舞蹈的时候,作者的心情一开始是?来告诉我(请学生回答)。

生:一开始是怜悯的。

师:很好,一开始是怜悯的。那之后,听到他们的音乐,舞步声之后?

生:大吃一惊。

师:非常好,大吃一惊,这个词用得非常好。怜悯而变为大吃一惊,好。那对待小女孩的态度呢?他又发生了怎样的变化？好，这一组靠门的第二个女生。

生：一开始是对小女孩怜悯。

师：好的，也是用怜悯的目光，之后呢？

生：之后他陷入了对生命的叩问。

　PPT演示：

残疾夫妻：　怜悯→大吃一惊

小女孩：　　怜悯→陷入对生命的沉思和叩问

师：好，非常好，他陷入了对生命的沉思和叩问。同学们，问题来啦。作者为什么会发生这样的变化？他为什么会发生这样的变化？同学们思考一下，假设你是这位作者，你的心情为什么会发生这样的变化，请你回答。

（请学生回答）

生：他见到了残疾人和小女孩对……呃……对自己……

师：不用着急，我们一组一组的看。好不好，先来看第一组残疾人的舞蹈。

生：他看到残疾人在……

师：首先为什么会怜悯啊？怜悯是因为？

生：因为他们是残疾人。

师：所以他想到他们的生活是怎样的艰难，所以他非常怜悯。那之后呢？为何会大吃一惊？

生：因为他看到残疾人们在欢乐地跳着舞蹈。

师：很好，欢乐地跳着火一般的舞蹈，对不对？好，请坐。那告诉我第二组，对小女孩的态度为什么会发生变化？这位男生。

生：因为一开始她是承受了自己原本不应该有的艰辛。

师：用原文中的句子就是？这个小女孩怎么样啊？她一身衣服缀满补丁。想一想七八岁的女孩正是做什么的年龄？

生：读书和游戏。

师：好，正值读书和游戏的年龄，她却怎么样啊？

生：尝到了生活的艰辛。

师：非常好。她过早地尝到了生活的艰辛，于是作者对她怜悯，那之后为何会陷入对生命的叩问？

生：因为她把劳动当成了舞蹈，全无一点悲愁。

5.师：好，把劳动当成了舞蹈，全无一点悲愁。所以，作者觉得，哎呀，我原先想的是不是错的，于是他陷入了对生命的沉思和叩问。好，请坐。没错，我们说正是这种乐观积极的态度啊，可以说是，触动了作者，所以作者开始陷入了对生命的沉思和叩问，生命的本质到底是什么。好，在此处，我们再次把我们的目光投向我们的标题。"舞蹈"我们已经解释清楚了，同学们来看看生命，生命的本质到底是什么呢？让我们把课本一起拿起来，来读一下文章的第六小节。仔细寻找一下答案。好，"用童心无邪"预备起——

生读。（师点拨生字读音"谙"）

师：好的，我刚刚听到，这个女生，这个女生读得特别棒。来，同学告诉我，生命的本质到底是什么？来，这个女生说说看。

生：生命从一降生就穿上了一双红舞鞋。

师：好的，你找到了。在什么地方？在第二行。大家找到了没有？来了，为什么说红舞鞋啊，难道说生命从一降生就穿上了一双红舞鞋？（板书）红舞鞋在此处到底指什么？还是你啊？我想听听别的同学的回答。红色给人什么样的感觉？

生：热情、积极……

师：所以，他说生命从一降生就穿上红舞鞋，也就是说……来，刚刚举手的，你说。

生：运用比喻的手法，指生存下来的渴望。

师：好，生存下来的渴望。同学们有没有不同意见呢？首先她在这里非常好，说运用了一个比喻的手法，这一点非常棒。好，那看一下，本体到底是什么呢？仅仅是因为，是对生命的那种，想要生存下去的那种渴望吗？来，你来说。

生：就是对新生活的期盼。

师：是对新生活的一种期盼。（板书）有不同答案吗？

生：是对生活的积极乐观的心态。

板书

师：还有不同的答案吗？

生：是对生活的希望。

师：我们这边答案非常多哦，同学们，你们认同哪几点？

生：积极乐观的心态，以及对生活的热爱和希望。

师：也就是说你比较认同后三点。第一个好像有点远。那期盼和希望不是一样的意思吗？好，同学们刚才说的都没错，在此处我们说红舞鞋，这红色给我们一种非常积极而乐观的感觉，那么他说他从出生就穿上了这双红舞鞋，换而言之，什么？生命从一开始就是一种积极乐观向上的，是一种充满昂扬斗志的一种状态，对不对？所以在此处，它的本质就是指，在任何艰难困苦的情况下，都能够积极乐观，都能够顽强拼搏，顽强不息的生活态度。好，来，请大家把红笔字写一写。

6.拓展延伸

师：好。正是因为生命的本质是这种顽强拼搏、顽强不息的生活态度，所以作者说，这是人在任何艰苦下都会歌唱，都会欢乐的原因。对不对？好，作者为了印证他的观点，他在文章的第七小节当中用了大量的实例。好，先请同学们一起来齐读文章的第七小节。然后边读边来思考这个问题——你能不能举出一些作者文中所提及的用乐观积极的态度来面对生活困境的事例来印证作者的观点吗？请大家把我们的书本拿起来。预备起。

生读。

师：好，来看看，你们能不能举出一些实例来佐证作者的观点。讨论一下，好不好，我们四个人一个小组讨论一下，在你们的现实生活当中或者实例当中有没有能印证作者的写法呢？好，来赶紧讨论。

生讨论，师指导。

师：好了，时间有限，我们来听听你们的说法。刚才哦，在我这边听了一圈，这两组好像没有听到，想听听你们这边有什么看法，好吗？你说说看吧。

生：我们这边讨论出来，一个是达人秀的冠军刘伟，他没有双手，用双脚弹钢琴。

师：好的，非常好，这是个非常好的案例。来，刚才好像这组提的也是刘伟，来补充一下，好吗？

生：因为他没有手，所以不能很好地弹钢琴。之前去音乐学校，被校长所拒绝，校长认为他并没有这种能力。但是他还是不自卑，并且成为了一名出色的钢琴家。

师：好，很好。他因为一出生的时候遭遇了电击，所以他身有残疾，但是他有没有因此而放弃啊？并没有。他屡遭拒绝，但是依然用自己的毅力完成了学习，最后成为了中国达人秀的冠军。很好的案例，来这边说说看。

生：我们这边讨论出来的是海伦·凯勒，她是一个作家，但是她是盲人，就是那个……

师：好，不紧张。

生：她写出来的书籍都是很经典的很励志的。

师：是什么使得她能够写出这样的著作呢？

生：是因为她对外面世界的向往。

师：她对外面世界的向往，以及因为生命的本质在于……在于舞蹈？我们讨论过了，生命的本质是什么？

生合：是一种积极乐观的生活态度。

三、小结

师：还有对生命的渴望，正是因为她与生俱来的对于生命的渴望，所以永不放弃，永不言败，对吧？同学们刚才还提到了很多，我帮大家梳理一下啊。包括战争，二战我们经历了战争创伤，但是现在我们的新中国建设得如此美丽。2008年汶川大地震也是如此，我们的许多高楼大厦夷为废墟，但是现在我们的高楼大厦重建了，那些失去了父母的孩子们带着笑容来到了学校。同样的在2003年，可能你们那时还小，2003年SARA时也是，我们遭遇了非常大的打击，但是我们的医护人员毅然地冲上前线，帮助那些需要帮助的病人们。同样的残奥会也是个非常好的例子。所以说同学们，通过这节课我们了解到了什么？首先，生命的舞蹈，这个生命，意义是在于，它是对一种新生活的期盼，是对于生活的一种积极乐观的态度。所以说同学们，以后你们不管遭遇什么样的不幸，只要你们保有积极乐观的态度，你们也能像我们文中的两位舞者一样，舞出生命的精彩和自己生活的高度。

四、作业布置

好，今天我们的课就上到这里，那我们布置下作业。首先第一个作业，结合一个典型事例，可以是我们刚才上课所说的，也可以是自身的经历，写一篇对这篇文章的读后感，120字左右。第二个的话，推荐阅读一下，首先推荐一本是《五体不满足》，第二本是《此生未完成》，这都是我非常欣赏的两位作家写的两篇文章，相信看完之后你们会对生命有更多的感触，好吗？

好，我们下课。

生：教师再见。

板书：

残疾人（残疾——跳舞）

　　　　　　　　　同：欢乐的形式，积极乐观的态度

小女孩（贫困——劳动）

　　　　　　　　　红舞鞋（比喻）

教学反思

《生命的舞蹈》是给我校初一的学生上的一堂散文课。从整堂课的即时效果来看，教学过程的主要问题有以下几点：

一、上课提问不够精炼。语言冗长，或是过多重复容易使学生一时找不到中心点，下次需更加注意提问语言的严密性。

二、板书设计尚有不足。这次的板书在磨课过程中经过了三次改动，虽然做到了精简，但重点内容多是以PPT形式呈现，在板书中体现不多，下次应更加注意。

孔子有云："知不足，然后能自反也。"今后我定会继续努力改正以上提及的不足，在成为一名优秀教师的漫漫长路中勇往直前。

研 讨

听陈晨讲《生命的舞蹈》，对比去年自己对这篇文章的教学，有收获；和同学及教师一起评课，在争论中碰撞出思想的火花，更是受益良多。

　　陈晨的《生命的舞蹈》上得中规中矩，整个课堂循序渐进，按照她的预设有条不紊地进行着。如果没有相当的课堂把控能力，这次课不会如此稳健，何况是在借班上课的情况之下。陈晨是个凡事都很认真的姑娘，听她说每次上公开课，她都会写下很详细的教案，并且背下来。课后她把她的详案发给了我，五号字体，有五页纸之多，细枝末节上她都有周全的思忖和详细的批注。如此的工作态度，让我顿感汗颜。

　　想想我平时是如何备课的呢？

　　工作的前两年，我执教了六年级和七年级，那时的备课，轻松呀，遵循一定的套路下来，几乎是不用自己动脑子的。因为嘉定区的期中期末考必定会考一篇课内现代文，而且题目是从教参上"抠"下来的，答案也以教参为准，所以，我备课的第一步就是——抄教参。有时甚至课文还没读过，就先一股脑儿把教参上有价值的，或可能会成为考点的句子扫荡到书本上。第二步，搜罗和选择教案。网络的普及和信息技术的发展是我们拓宽眼界、共享交流的平台，但同时也为偷懒的人提供了很多便利。我那时往往会在一个叫"无忧无虑中学语文网"的网站中下载别人的教案，比较几家，选一个觉得顺眼的，然后小修小改，为我所用。但其实那两年我不是有意要偷懒，而是真以为备课就是这样（愧对母校，大学期间一心只在文学上，几乎从不曾好好听过教育方面的课，更没看过一本相关的书籍，白白浪费了那么多好资源，辜负学校还不错的名声）。第三步，做一个教案的搬运工，按照教案进行课堂实践。甚至有时候任性而为，甩开教案，讲讲人物生平小故事，搬搬历史，各种文学作家作品，想到哪里扯到哪里，把一节语文课涂抹成乱七八糟的鬼画符。学生倒是开心，我也尽兴了。可是尽兴之后是怀疑和不安萦绕上虚空的心头。

因为没读过教育类书籍，我的成长几乎是靠自己的经验教训和其他教师的指导。今年暑期，读了一些诗话、词话作品，并且在 TED 上学习诗词写作的课程。突发奇想，为什么不能像古人批注红楼、水浒那样阅读我们的课文呢？这样不会更有意思吗？自己也会更有成就感。于是从暑假开始，我就在没有任何参考，也尽量避开任何参考的情况之下，独立地去阅读和解读教材中的文本，果真获得了独特的阅读快感和备课的灵感。因此也开始试图在不借鉴的情况下独立备课。不过，每备一课总要花费我好长时间。但是，这过程是享受的。并且，我认识到只有当自己有过深刻的思考和深入的体悟时，你传达给学生的才能是有感染力的，使之信服的。

就陈晨在 40 分钟内展示的情况来看，可能她自身对《生命的舞蹈》这一文本的解读还不够深入到位，因此教学虽井然有序，却缺乏了少许灵气与共鸣，对于情感态度的把握有隔靴搔痒之感。

这堂课的主体部分由三个大问题串联起来：第一，两次舞蹈有什么不同点和共同点？第二，梳理作者的心理变化。第三，"生命的本质"到底是什么？从教案和课堂的情况可以看到，教师的预设和学生的解读都还只是漂浮在文字的表面，没能抓住文章的细部，进行更深的思考。特别是对于"生命的本质是什么"，陈晨和学生都把对生命本质的理解框在了坚强、乐观这样的生活态度上了。我想如果能够再扣住文本中的两次舞蹈，看看作者是如何将残疾人的跳舞，特别是小女孩的劳动这两种普通的行为和"生命的舞蹈"和"火"联系起来的，对于理解红舞鞋的比喻意义，体会文字后面的精神内核会更有好处。

另外，在最后拓展和总结的环节，陈晨安排同学们小组讨论，生活中有没有事例能够来佐证自己的观点的。且不说，讨论的形式对于这个问题有没有必要，因为，作者写残疾人，写窑洞里的小女孩，这两个看似远离我们的生活的极端例子，并不只是通过特殊情景下的特殊人物来传达某种特殊的情感，文章的思想价值是具有普遍性的。推人及己的话，我们不一定会经受残疾和贫穷，但同样要面对人生中的很多坎坷，每个人的生命自身都有种向上的不屈的、追求欢快的力，所以，文章中主人公的生活态度对于那时的我们就会有共鸣性。甚至这种共鸣早已存在。所以学生在交流的时候，还是把目光放在了离他们自身生活有点远的各类残疾人的案例之中。可能由于时间所限，陈晨也没有及时点拨他们开阔思路。在陈晨的结尾处，她说："同学们，以后你们不管遭遇什么样的不幸，只要你们保有积极乐观的态度，你们也能像我们文中的两位舞者一样，舞出生命的精彩和自己生活的高度。"这还是对文章的解读没有到位。此篇文章的意义不应该只停留在应付不幸上，而是能以之来净化大家的心灵吧。

关于文本解读，既要"入乎其内"，又要"出乎其外"。"入乎其内"，教师对文本有了情感上的共鸣，才能作为"二传手"传达给学生，否则课堂是很难达到情感上的淋漓之境的。"出乎其外"，才能冷眼旁观，批判地思考作者怎样写的，为什么这样写，有什么优点和不足，由此对文学作品可以由欣赏上升到鉴赏学习的层次。我觉得陈晨可能在前期备课上不够"入乎其内"。我自己呢，往往是不能"出乎其外"。

备完教学内容还要备学生。

学情，学情，学情！从上大学就已经不断听说过这个词，可是几乎一直到现在，"学情"这个词都只是存在于我的耳朵里，而不是脑海里或者心里。我们区的教研员和托管专家听了我的课，评价说，我恨不得把自己知道的都一股脑儿交给学生，所以，一节课只听到我不断地叽叽喳喳，机关枪似的。若说我心里没有学生，我是很委屈的，正是因为有他们，想他们好，所以才恨不得倾尽我之所知。

"授人以鱼不如授人以渔。"我虽是为他们好，但却可能会耽误他们。如同对待不会走路的小孩，天天抱着他在手上，而不是放手教他独立行走。这在语文学习上，可能会影响他们独立思考和合作探究等能力的培养。

这样说，我好像是在为我的自我中心而开脱，不禁扪心自问，我真的心中是时刻都有学生的吗？恐怕也并非如此。文本解读之后，设计教案时似乎考虑的只是自己要完成什么，要达到什么，而不是学生是怎样的认知，应该要接受什么，培养什么。上课时也像王教师所说的，只顾着按着教案一步一步来，推进自己的教学。课堂上我不是一个好的倾听者，学生的答案对于我而言也似乎只有对错之分，符合我预期的，是对的，进行下个环节；不符合，是错的，引导到我的预期，进行下一个环节。而不是去思考学生为什么会这样想，学生的这个回答有没有体现出普遍的意义。

以教师自我为中心——这一缺陷在陈晨的课堂中也有体现。可能我们年轻教师在这方面总要有一个慢慢摸索的过程吧。

表现在《生命的舞蹈》这节课上，首先是没能建立在对学生学情的充分把握上，合理安排课堂教学的重难点。课堂主体部分的三个问题，陈晨在第一个问题上"找出两次舞蹈的不同点和相同点"上花费了大约 17 分钟的时间。不同点是很容易就能在书上找出来的，相同点也不难概括，就学生的回答情况而言，这些问题都是很顺利就能解决的。但是陈晨在这块花费了太多时间了，一点点找答案，一遍遍向学生确认回答（学生本是可以说出完整答案的，陈晨却好像生怕学生答不出来，或者不符合自己的预设，就打断学生的回答，通过再问一个小问题，把学生引到自己的预设上。这样不仅浪费时间，而且破坏了学生原汁原味的思考，也不利于他们表达能力的提高，这个问题也是我存在的）。其实这一环节可以很快的过掉，通过表格填一填，交流一下就好。这一环节拖沓了，那第三个关于生命本质的探讨，只能含糊了之了。所以，陈晨没能充分地利用第三个问题来升华学生的感性认识，波及到拓展延伸环节，学生对苦难对生命对红舞鞋的认识就都还停留在文本上，停留在与自己相去较远的特殊人群身上了。

从文本解读到教材内容的选择和组织是相当考验语文教师的教学基本功的。对于我这样靠着无知和莽撞跌进语文教育圈子的教师来说，文本解读是一项很让我热爱的工作，当然也很不易，但是要真正静下心来，把自己对文本的解读转化成教学内容，时时刻刻心中装着学生，以学生为中心考虑一切，还是需要很长时间来耐心地磨练和热情地培养的，需要从理念到实践的慢慢地转化和运用。

另外，再补叙一点。最近我为自己和陈晨分别做过一次课堂实录，这真是个很磨人的工作。我发现即使是像陈晨在课前把要执教的内容都背下来（暂不说这一行为有无必要，只是她的工作态度确实可嘉），她的课堂语言也是旁枝逸出，不干练，不干净利落。课堂中出现了不少习惯性的用语和语气词等。她有的时候也会不断地重复一个问题，其实可能只要问一遍，问清楚就好了，没必要把问题重复很多次等等，不再赘述了。当然，相较之于我，她的语言已经是很精炼了。我本就语速快，还有吃字的现象，往往一个问题，一句话能重复好多遍，上课废话又多，想到什么说什么。所以，做自己的课堂实录时，害羞得我都快听不下去自己的话了。

之前听东南大学教授王步高的课，他说，他在清华讲课时，天天带一支录音笔，把自己讲的话录下来，回来听一遍，就会发现课堂语言很不简洁，冗余的话太多，但是有了认识之后，他就会特别注意，每次录，每次听，一次课会比一次更好。

我也想过，买个平板，把课堂的语言录下来，多加锤炼。但是，到现在也只是流于想想，付诸实践是需要魄力和毅力的。

案例五 作文评改

阳光照在心坎上

执教：王慧玲

【教学目标】

1. 发现习作中的问题，能从本文的标题入手抓住写作的关键，在语言、动作、神态、心理等细节上对于主要人物进行细致刻画，学会作文修改的一些思路。

2. 能与他人交流写作心得，互相评改作文，以分享感受，沟通见解，养成作文修改和积累的意识。

【教学重难点】

重点：能从本文的标题入手抓住写作的关键，在语言、动作、神态、心理等细节上对于主要人物进行细致刻画。

难点：善于发现习作中的问题，学会作文修改的一些思路，养成作文修改和积累的意识。

【教材分析】

作文是人情感的交流，思想的沟通。新课标对于学生初中阶段的写作也提出了"能根据文章的内在联系和自己的合理想象，进行扩写来丰富表达的内容"的要求。

对于八年级的写作教学来说，应该引导学生以读促写，养成修改自己作文的习惯，做到文从字顺；能与他人交流写作心得，互相评改作文，以分享感受，沟通见解。

【学情分析】

写作教学从六年级开始，教师就会花大量精力教会学生捕捉生活中的写作素材，将一件或多件事完整、具体地记叙清楚。七年级的作文教学要求学生能够在记叙中有明确的中心，并尽可能做到详略得当，加入适当的描写。

对于八年级的学生而言，在实际写作中往往言不由衷，考场作文的表达过于生硬，描写也变得平淡空洞。此外，本班学生没有主动修改作文的习惯，对于作文修改没有头绪，也不知怎么去改，因此积累好的作文不多。

【教具使用】

多媒体 PPT

【教学过程】

（详见下页图表）

教学环节	教师活动预设	学生活动预设	设计意图
导入	1.想象一下，"阳光照在心坎上"给人一种什么感觉？ 其实，生活中有些人，有些事也正如阳光一般带给人温暖的感觉。 2.拿出例作，我们一起来读一读。	1.预设：温暖、热烈、炙热、力量等。	从标题出发谈感受，奠定情感基调。
初读	1.阅读全文，说说文章写了什么事？ 2.文章中谁在"我"的心坎上，令我难忘？标题中的"阳光"是指什么？	1.预设：小胖在"我"紧张不安时鼓励"我"，在"我"疲惫倦怠时陪着"我"跑，给了"我"温暖和力量。 2."阳光"喻指小胖的友情。	快速阅读，形成整体感知，抓住写作的关键。
评改	1.既然小胖是文章的主人公，那么小胖是我们要花大力气去刻画的，尤其是最能体现友情的"陪跑"。请一个同学读一下第四段，其余同学思考：第四段在刻画小胖上有没有什么问题？ 2."小胖陪跑"是全文一个关键的情节。怎么把小胖陪跑的过程刻画得更生动呢？举例说说我们可以写点什么。 有了这些具体的细节之后小胖跑步的样子马上生动起来了。现在我们试着挑选其中几处来描写"小胖陪跑"的过程。	1.第四段中仅仅只有一处写到小胖——"小胖在跑道旁陪着我跑，拼命为我加油"。 2.刻画小胖的肖像、动作、语言，"我"的心理感受，环境描写。 动笔写，全班交流	善于发现习作中的问题。学会在语言、动作、神态、心理等细节上对于主要人物进行细致刻画。 能与他人交流写作心得，互相评改作文，以分享感受，沟通见解。

教学环节	教师活动预设	学生活动预设	设计意图
评改	3. 刚才我们细致刻画了小胖陪跑的过程，第四段中还有哪些地方能展开刻画小胖？ 4. 将整段的修改补充完整后先小组互助修改，再班级交流。	3. 预设1：到终点后小胖的表现。预设2：小胖发现我跑不动而来陪跑。 4. 小组互助修改，班级交流。	
小结	1. 其实，教师也试着改了一下，我们一起来读一下。 2. 最后，我们来回顾一下这堂课上你修改作文的心得。	1. 读教师例作。 2. 学生谈学习感受预设：从审题着手，抓文章的关键人物，多角度进行描写，修辞、语言的运用要贴切，首尾呼应，点题等。	总结交流心得，形成作文修改的一些思路。
作业	1. 拓展阅读"同窗例作"，做圈画批注。 2. 将例作修改完整并试着修改自己的习作《阳光照在心坎上》。	完成作业。	养成作文修改和积累的意识。

课堂实录

教师：同学们好！

学生：教师好！

教师：请坐。同学们，今天外面下着绵绵的细雨。如果这个时候有一缕阳光照在你的心坎上，给你一种什么样的感觉？谁来说说，想象一下。你先说（指向一个学生）。

学生：我觉得很温暖。

教师：很温暖的感觉。还有没有？

教师：平时阳光照在身上是一种什么样的感觉？

学生：我觉得应该是一种很有希望的感觉。

教师：哦，阳光（有）一种很有希望的感觉。很好！你说。

学生：温温的，感觉心里很舒服。

教师：很舒服。非常好！其实啊，有很多人、很多事都会给我们带来一种温暖的感觉。就像你们之前写的这一篇《阳光照在心坎上》的作文，也给教师感觉非常的温暖。那么，下面呢，就请同学们打开我们的这个例作，我们来读一读这篇《阳光照在心坎上》。读完之后告诉教师，文章写了什么事？好，现在开始读。

播放PPT：1.阅读全文，说说文章写了什么事？

（教师巡视，学生自读约两分半钟）

教师：好，读完的同学你就坐直了，示意一下。（看一圈）好，大部分同学都读完了。那么，我请一个同学来说说，文章写了什么事？（指向前排一个学生）你说。

学生：文章写了，写了我在参加体育节运动会的时候，跑400米，我那天是十分害怕的，小胖鼓励我。

教师：好，小胖鼓励了我……我当时内心害怕，是不是？

学生：对啊。

教师：噢，小胖鼓励了我。还读到什么？

学生：还读到……（学生沉默思索）

教师：好，先坐下来。我看看其他同学还读到什么？（看着学生）小胖鼓励了内心害怕的我，紧张害怕的我。还有吗？来，这个，××，你来说说。

学生：呃，就是他对我的那种温暖。他对我的鼓励，使我克服了内心的恐惧。

教师：噢，很好。

学生：（继续）然后，使我……嗯，使我坚持跑完了400米。

教师：噢，使我坚持跑完了400米。仅仅是因为小胖的鼓励吗？还有没有其他什么情节，里面用了吗？你坐下来（示意），我请其他同学来说。你说。

学生：嗯，就是小胖不仅鼓励我跑，还到跑道边陪着我一起跑，然后，让我觉得很感动，好像有阳光照在心坎上的那种感觉。

教师：好的。所以我才能够跑完了400米。非常好！我们一起看一下，几个同学把文章都概括补充完整了。

播放PPT，读：小胖在"我"紧张不安时鼓励"我"，在"我"疲惫倦怠时陪着"我"跑，给了"我"温暖和力量，最终使"我"坚持地跑完了400米。

教师：那么我们看一下，文章当中谁，一直在我的心坎儿上，令我难忘啊？

学生：（齐答）小胖。

教师：噢，小胖。那么我们结合标题来看，标题中的"阳光"指的是谁啊？

播放PPT：文章中谁在"我"的心坎上，令我难忘？标题中的"阳光"是指谁？

学生：（零零落落地）小胖。

教师：噢，阳光就是指小胖。（板书：小胖）那么我们看到，既然小胖是文章的主人公，我们就应该花大量的笔墨去刻画这个人物，对不对？那么文章中哪个情节需要详细地把他刻画一下呢，你们觉得？（看着学生）哪个情节更加需要我们去详细刻画一下？（有几个学生举手）噢，那个××你说。

学生：就是小胖在鼓励"我"的这个情节要多刻画一下。

教师：噢，你觉得要刻画一下小胖在鼓励我，是吗？好的，请坐。还有其他同学有其他要补充的吗？××，你说。

学生：就是在第三段和第二段中间，我觉得要具体描述小胖。一开始他先给我鼓励，后面再……后面补充说小胖是什么样的。

教师：补充说小胖是怎么样地干吗？

学生：就是他……

教师：怎么样地干吗？不止是鼓励我。

学生：额，是……

教师：他后面干了什么事啊？

学生：后面，嗯，陪着我一起走。（教师赞同）

教师：还要再补充一下，小胖怎么样陪着我一起跑。（学生齐声）很好！请坐。大家想一下，"小胖"这个称呼就带有一种形象性吧，对不对？噢，胖嘟嘟的一个身躯，竟然能够怎么样？陪着我一块跑，是不是很难得啊？是不是很能够体现两个人之间的友谊啊？那我们就一起来读一读这第四自然段。

播放PPT：1.听读第四段，思考这一段在刻画小胖上有什么不足？

教师：思考一下，这一段在刻画小胖上有什么不足？我先请一个同学来帮我们读一下。哪个同学愿意读？噢，×××，你来读。

学生：（朗读学案）

教师点击PPT，展示学案第四段

只听一声枪响，所有选手就像离弦的箭似的冲了出去，我也不甘示弱地拼尽全力追赶。最后半圈时，小胖在跑道旁陪着我跑，拼命为我加油，一股暖流从我心里蜂拥而上。就差50米了，我看见跑道那头有一缕阳光照耀着我，像是照在了我的心坎上一样。三、二、一，到终点了。我居然突破了自我，坚持跑完了400米！

教师：嗯，很好！那我们看一下，这一段当中在刻画小胖上，有没有什么不足的地方呢？好，××你说。

学生：我觉得应该是缺少小胖在陪我跑的时候的动作描

写吧。

教师：噢，缺少小胖陪我跑时的动作描写。它写到了什么？我们一起读一下，好不好？它有写到什么？

学生：（齐读）小胖在跑道旁陪着我跑，拼命为我加油。

教师：所以你觉得这一句话应该再加上小胖陪着我跑时候的……

学生：动作……

教师：噢，非常好！（板书）陪着我跑时候的动作。我们想把它刻画得更具体、更生动一些，是不是？那么我们可以加点什么动作呢？

播放PPT：2.怎么把小胖陪跑的过程刻画得更生动呢？具体说说我们可以写点什么？

教师：加点什么动作让小胖跑步时候的样子，更加的生动？想想跑步的时候，要做哪些动作？噢，你先说。

学生：应该是挥动着手（做"摆手"的动作）。

教师：挥动着手。大家想想，跑步的时候挥动着手，"挥动"是个什么动作？大家给我做一下。（指向一个学生）你站起来做一下。

学生：（挥着手）这样是挥手，应该是摆动（摆动双手）。

教师：噢，好。跑步的时候应该是怎么样？很好！两位同学请坐。（板书）咱们得怎么样？甩开胳膊，使劲地摆动起咱们的什么呀？双手，对不对？使劲地摆动手臂，对不对？有这个动作。还有没有其他动作？或者是其他的方面、角度去写一写？你说。

学生：就是满脸涨得通红，还有喘气不止。

教师：非常好！喘息不止（板书）。喘着粗气，对不对？还有呢？满脸涨得通红。哎，我要问一下，除了脸上，除了满脸涨得通红，跑步的时候还有哪个地方会红啊？（停顿一下）嗯，想一想。你的耳朵会怎么样？耳朵会不会红？（几个学生说"会"）发烫，会红。对，你用的这个成语很好！你站起来说一下。

学生：面红耳赤。

教师：哎，会面红耳赤，非常好！（板书）好，会面红耳赤。还能再写点什么呢？来，你说。

学生：就是，他们……因为小胖不是很胖吗？（教师边"嗯"，边看手表）然后他的腿很粗，然后肉都撞在一起。（生笑）

教师：噢，腿上的肉都撞在一起，是不是会影响他跑步啊？那他怎么样去跑，才能够陪着我跑得快一点呢？

学生：就是拖动着自己的身躯。

教师：拖动。谁能给我做个"拖动"的动作？拖动，××，麻烦你做一个"拖动"的动作，好吗？（生笑，学生表演"拖动"）

教师：啊，就很慢是不是？那大家看怎么跑才能跑快一点呢？××，你能不能说说？怎么跑能跑快一点？

学生：就是迈开……嗯……步子迈大一点。

教师：哎，要迈开步子跑。好的，非常好！请坐。要迈开步子跑。（板书）迈开怎么样的步子啊？刚才她说，腿上肉很多是不是啊？他很胖对不对？我们可以用个什么词啊？（教师板书，有学生说"笨重"）笨重的步子。好的，还有没有？还能写点什么呢？（停顿2秒）我们看哦，跑步跑了一段了，是不是很累啊？很累会怎么样？

学生：流汗。

教师：噢，会流汗。我们还可以写写他的……（板书）是不是还可以写写他的汗水啊？

学生：嗯。

教师：哎，这汗水从哪里流下来？额头上，额头上怎么样？沁出汗水来，对不对？好，还能把汗水和什么结合起来？我们还能写些什么呢？你想想（指脸一圈）脸上还有什么？还有什么呀？啊，你说。

学生：他脸上洋溢着微笑。

教师：噢，脸上洋溢着微笑。很好！（板书）微笑的神情，对吧？还有没有？刚才我们讲到汗水。你说。

学生：就是汗水的话，就会把他头发给浸湿了什么的，这样，表现很多汗啊。

教师：噢，汗多，汗多用"浸湿"头发好呢？还是你看，这汗多的话会顺着头发怎么样？

学生：顺着头发滴下来。

教师：很好！（板书）这样是不是好一点？顺着头发滴下来，哎呀，这汗水好多啊！好，如果汗水，是不是背后有汗水？背后的话，汗水，我怎么描写？来，你后面的讲。背后的汗水，我怎么去刻画？

学生：应该就是描写下衣服吧。

教师：怎么衣服……衣服会怎么样？

学生：嗯，变得半透明。

教师：半透明？（生笑）噢，你，你补充。

学生：首先是在跑的时候，他的衣服首先是被水，就是他的汗水浸得已经都湿了。

教师：非常好！汗水浸湿了，浸湿了衣服（板书）。很好！还有没有其他的？再想想。（停顿）我们看到，只是动作。那么这些（指着黑板）是什么呀？这些都是什么？上面都是动作对不对？这些都是什么？

学生：肖像。

教师：噢，这些都是肖像。（板书）我觉得你们还漏了一个很重要的东西。我们说，小胖跑步，对他来说阻碍最大的是什么？

学生：肉。

教师：肉？哪里的肉？

学生：肚子。

教师：我怎么来刻画小胖肚子上的肉呢？谁，谁来给我……噢，你来说。

学生：就是小胖在跑步的时候，肚子上的肉一抖一抖的。

教师：嗯，一抖一抖。它有方向性吗？你觉得？

学生：一上一下，一上一下。

教师：噢，很好！上下抖动对不对？

学生：嗯。

教师：很好！那么这个肚子里面装的是什么？可能装的都是他（笑）中午吃的，好吃的是不是？会怎么样？会沉甸甸的。我们给他加个词啊。好。（板书）沉甸甸的肚子，可能上下抖动。噢，跑步起来，很累！好了，那么，我们看看，这个，这里哦，他的嘴巴可以用来喘气，还可以用来干什么？（有学生答"喊加油"）

学生：还可以给主人公"我"鼓励。

教师：噢，给我鼓励。在怎么样？在鼓励我，对不对？（板书）鼓励、呐喊。好的，那鼓励、呐喊，得说些什么吧？他说些啥呢？说些啥呢？你说。

学生：加油，离终点还剩没多远了。

教师：还有没有啊？

学生：然后，嗯，嗯，冲刺到最后永远是胜利者。

教师：她讲的话很有哲理的。好，请坐。那么，我们再想一下，跑步的时候，我们讲话有什么特点没有 ？（学生小声说话）很急，还有呢？很激动，很急。所以，说话会怎么样？（生小声说）噢，一顿一顿的，对不对？一顿一顿。毛毛，你、要、好好、学习！这样说话，是不是一顿一顿？你想想，小胖跑步的时候是这样子说话吗？

生：不会。

教师：那换一个词，小胖说话的时候怎么样？他是累得……怎么样？说不上，应该用一个什么词啊？

学生：断断续续。

教师：对，他的语言应该是断断（板书）、断断续续的。除了断断续续，还有什么特点？刚才×××讲的这个话很好。但是还有什么问题没有？他的话比较长，等×××讲完这一句话的时候呢？我们的"跑步达人"刘坤已经跑到了终点。那么，我们看，跑步的时候这个语言应该更加怎么样？

学生：简洁。

教师：更简短一点。很好！（板书）是不是更加的短促、有力就好？好，我们看到，有了这么一些动作、肖像、语言描写，是不是这个小胖陪跑的这样的一个过程，就感觉在你的面前展现出来啦？那么，请你选择当中的两三处，来进行一个修改。现在开始动笔写一写，把小胖陪跑的过程写得更加的生动。

教师巡查并提示：你觉得最重要的，他的动作啊，肖像……当然你也可以自己想象一下那个画面，自己刻画一下。（约两分三十秒）

教师：好，我看同学们写得差不多啦，写到哪儿就是哪儿，我们写多少交流多少。来，我先请这个……额……××来说吧。

学生：只听见那声枪响，所有的选手像离弦的箭一般冲了出去，我也不甘示弱地拼尽全力追赶。最后半圈时，小胖拖着沉甸甸的步子，面红耳赤地微笑着对我说："加油！快到了，我也撑不住了！"然后，他更加用力地甩开胳膊，摆动着手臂，然后迈开着沉重的步子……

教师："迈开着沉重的步子"（"沉重"读重音），"沉重"这个词更加多的是形容一个人的什么呀？

学生：心理。

教师：噢，内心，对不对？所以我们可以用什么呀？这里有一句写道："笨重的步子。"哎，我发现啊，你用了很多的动作描写，说明你很擅长于动作刻画。那么刚才有一句语言是不是？他说"我也快撑不住了"。你给人打气的时候，你说"我快撑不住了"，你想让别人继续跑还是不跑呢？

学生：额……

教师：那这句话是不是可以……怎么样？

学生：删掉。

教师：删掉就不用写了。前面写得很好。请坐。来，这个，你们这组来交流一下。

学生：小胖用力地迈开大步，让自己跑得更快一些。汗水顺着他的脸庞滑落（教师点头赞同）。他又一边鼓励着我说："加油！我们就快到了。"

教师：噢，"就快到了"，非常好！噢，有肖像描写，还有语言描写。好，来，这个××，你今天好像没发过言，你来说说吧，你写的是什么？

学生：小胖大口地喘着气，他面红耳赤，努力摆动着胳膊，紧跟在我后面。他面带微笑，对着我说："加油！你可以的，马上就要到了！"

教师：很好噢。好，我们同学基本上都用到了动作、肖像和语言描写。"加油啊！""冲啊！""快到啦！"对不对？噢，有了这样的一些细节刻画，小胖的形象是不是已经跃然纸上？我感觉啊，你们修改完之后，小胖已经在教师的脑海当中分明起来了。那么我们看看，对人物的刻画，除了有这些，还能够写什么？（在黑板上指画，停顿几秒）对于人物的刻画，除了有动作、人物的刻画，肖像，语言，还可以写点什么呢？举手回答，快一点。来，你说（指向一个学生）。

学生：心理描写。

教师：噢，心理（板书）。对啊，这个咱们都知道，心理。描绘什么呢？描绘什么呢？啊，没有噢，请坐。那我们来看啊，心理。文章当中有写到心理吗？

学生：没。

教师：第四段当中有没有写到心理？（停顿了几秒）好，有人发现问题了。×××，你发现什么问题啦？

学生：我发现他写的是自己的心理，没写小胖的心理。

教师：噢，你是不是觉得这里写小胖的心理有点困难啊？噢，所以他写到的是我的心理对不对？我的心理，他写到什么呀？

学生：他写的……

教师：哪一句话是写的他的心理的？

学生："一股暖流从我心底蜂拥而上。"

教师："一股暖流从我心底蜂拥而上"，写得多好的句子啊！但是当中有个词好像用得不太对劲。

学生：蜂拥而上。

教师：噢，你感受到了，"蜂拥而上"。你请坐。哪个同学说说，"蜂拥而上"这个词，咱们怎么换一换？为什么觉得不贴切呢？你说吧。

学生："蜂拥而上"感觉就是一起挤上来的感觉，有点……

教师：（抢过话）挤上来，就"很多"对不对？你想一下，蜜蜂是怎么样？成群结队的，是吧？

学生：我觉得"一股暖流从我心底涌上心头"吧。

教师："涌上心头"就可以了，对不对？噢，非常好！那我们想一想，为什么要来写我的心理呢？（停顿2秒）这里不能是小胖的心理，对不对？那为什么要写我的心理呢？（看着学生等几秒）有人又说出来了。那，×××，你说吧。

学生：侧面描写出……小胖仿佛一道阳光照在我的心坎上。

教师：噢，侧面描写小胖给我的力量，给我的温暖，对不对？非常好！侧面的烘托嘛。（板书：侧面烘托）侧面的烘托。啊，写我的心理，但是是为了刻画小胖。我们写完了这样的一些人物的描写，还能够再写点什么呢？除了人物的描写，还能再描写些什么呀？你想想，运动会那个时候啊，周围氛围是怎么样的？

学生：热……

教师：非常的热烈对不对？（板书）非常的热烈。我们换成"热闹"好不好？热烈的话，是一种……"热闹"更加适合形容一种氛围。（修改板书）怎么个热闹？你能不能具体说说？周围的人都在干什么？

学生：呐喊。

教师：呐喊。你说。

学生：周围的人都在呐喊加油。

教师：噢，呐喊加油。所以当时，呐喊加油声是怎么样的？

学生：此起彼伏。

教师：此起彼伏，用得非常好！此起彼伏。除了有其他人的加油，还有谁的加油？

学生：小胖。

教师：你看看，我们要写谁。小胖会不会为我加油？

学生：会。

教师：那么这个时候，小胖的加油声，跟众人的加油声，会……怎么来写？你说。

学生：是对比的，写出小胖的那个……

教师：你怎么写？

学生：嗯……嗯……

教师：（板书）可用这种对比来写，对不对？你怎么来写？

学生：写……小胖的那个声音是很有力，然后……不是……先写环境，写同学们为我加油，很用力。但是小胖，比在周围那些加油的人，更用力为我鼓劲。

教师："用力"，还是用什么？声音？

学生：呐喊……

教师：（声音）用"力"来形容吗？

学生：大吧。

教师：声音更加的大，更加的响亮，对不对？非常好啊！那么我们把句子连起来，谁来说一下？能不能说一下，把句子连起来？周围的加油声……刚才同学说了，此起彼伏。然而小胖的加油声，怎么样？

学生：最响……

教师：最响……显得格外响亮。是不是？好！我们看，除了我们写到人文环境之外，还能够写到什么？除了写到人，还能写到什么？

学生：（三三两两）物。

教师：物？环境描写除了写到人，还能写到什么？

学生：自然环境。

教师：自然环境描写，好。自然环境，我们能写到什么？

学生：跑道。

教师：跑道。

学生：终点线。

教师：终点线。自然！我们看，标题当中就有……（划出标题）

学生：天空。

教师：噢，我们是不是能够写写阳光啊？（板书：阳光）怎么写啊？把阳光和小胖怎么联系起来写？你说。

学生：虚实结合。

教师：怎么个虚实结合？

学生：那个……阳光照在小胖的脸上，让我感觉到了……那个……温暖。

教师：阳光照在小胖的脸上，怎么会让我感觉温暖？

学生：他……他的微笑。

教师：噢，他对着我微笑，然后让我感觉很温暖。噢，你们真会写！虚实结合非常好！（板书：虚实结合）虚实结合地去写。很好！请坐。

播放PPT：3.第四段中还有哪些地方能展开刻画小胖？

教师：那么，我们看到啊，这里啊，我们用了很多方法来刻画小胖奔跑的过程。那么我们看第四段当中还有哪些地方能展开刻画小胖的？你说。

学生：就是那个倒数第二节，他说："3、2、1，到终点了。"到终点的时候，小胖也有可能到我面前来给我加油鼓劲，说，来赞赏我说"突破自我"。

教师：赞赏我突破自我。

学生：对，所以这里也可以加……

教师：也可以加小胖的语言描写，对不对？（示意学生坐下）噢，非常好！还有，小胖跑完一圈，他会感觉怎么样？

学生：我觉得他，不是，小胖在和我一起跑的时候，小胖身上衣服都已经飘起，就是……

教师：湿了还能飘起吗？

学生：湿了……因为他一开始跑的时候，我们都跑得很快，所以他衣服就会飘起。

教师：一开始的时候，可以说衣服都飘起，对不对？很好，请坐。我们想，他到终点之后，小胖是不是累死了呀？累死了会做什么动作？

学生：躺地上……哈气。

教师：啊，躺地上不太好，瘫坐在地上。唉，你们用的

词非常好！那么我们现在来写一写好不好？我们把整个
第四段，刻画小胖，来把它写得更加的生动。把你们的
修改补充完整。现在开始。（教师看表）

学生修改，教师巡视，约4分钟。

教师：好，我们来交流一下好吗？来，这个，哪个同学
写完了？（同学不做声）哪个同学已经写完了？（学生
不做声）需不需要小组里面先讨论一下？

学生：讨论一下。

教师：那好，我们小组里面先快速地交流一下。

教师：如果你发现他有问题，那么你可以当场立刻跟他
修改一下。

学生交流，约1分10秒。

教师：好了，找个同学来讲一下吧。嗯，男孩子先来讲
吧。好，×××。

学生：他摆动手臂，迈开步子，跟在我身后。我看见他
面红耳赤，脸上的汗如同流水一样顺着头发流下。他
并没有用手擦，他微笑地对我说："加油！快到终点
了。"他的声音比周围的加油声更响亮。他的话像一缕
阳光照耀着我。快到……到终点了，他瘫坐在地上，大
口大口地喘气，还对我说："你成功了，你跑得真快！
我快跟不上你了。"

教师：好，很好！请坐。他刚才用了一个很好的修辞
啊。（板书）小胖如阳光般啊，是不是把这个（用粉笔
点题目中的"阳光"）就结合起来了呀？对不对？写得
真好！来，再找一个同学来讲一讲。要不，我们的原作

者来讲一讲吧，好不好？

同学：好。

教师：来，××，你来讲一下吧。你怎么改的？（看表）

学生：小胖在旁看出了我的疲惫，在跑道转角处向我挥手，跟了上来。一边摆动手臂在跑，一边为我鼓励呐喊说："加油！离终点不远了。"我再一次使出全力，拼命往前冲。最后三十米了，我侧过头去看小胖，他还一直拖着两条笨重的腿在旁边跑。我依稀看见前面的终点线像胜利的彼岸在向我招手。我为自己打气，以最好的状态冲向最后的目标，使劲争分夺秒。3、2、1，小胖瘫坐在跑道上，兴奋激动地为我喝彩。阳光照在小胖的脸上，他温暖的笑容映在了我的心坎上。

教师：噢，写得非常好！她是不是把我们所有的描写手法都用上了呀？

学生：对。

教师：用到了人物描写，来刻画小胖。还用到了什么呀？（板书）各种的阳光、环境等等的一些东西来刻画啊。好的。你们想不想看到教师怎么改的呀？

学生：想。

教师：（点击PPT）给你们看一下教师怎么改的吧。你们读一读吧，好吗？来，预备起！

（学生朗读，教师带读。）

只听一声枪响，所有人就像离弦的箭似的冲了出去，我也不甘示弱地如同脱缰的小马拼尽全力追赶。将近半圈，我的步子渐渐沉重，眼看差距越来越大，心里渐渐不安起来，但随即耳边又回响起小胖的鼓励，我努力迈开疲惫的双腿，咬紧牙关不敢丝毫懈怠，期待着在弯道反超的机会。/远远望去，弯道旁小胖激动地朝我挥手，好似在喊："快点，加油！"当我顺利在弯道处甩开了对手，而身旁却传来了笨重的脚步声和呼哧呼哧的喘气声。侧过头一看，没想到平时最害怕跑步的小胖跟上来陪着我一起跑。即使薄薄的汗衫被汗水浸湿，隐隐透出那沉甸甸的肚子在一上一下地剧烈抖动，他仍然握紧拳头，甩开胳膊，使劲地前后摆臂。看见这一幕，一股暖流涌上心头，赶走了所有的疲惫和懈怠。/就差50米了，他时不时地朝我喊："加油！坚持！"阳光透过道旁树叶间的空隙漏下来，洒在了他微笑的脸庞，他期盼的目光和温暖的笑脸亦如阳光般照进我的心坎，温暖我的心灵，给予我力量。在喧闹的呼喊声中，小胖的声音格外响亮有力，我踏着他的节奏奋力向前冲。/30米、20米、10米，当我们默契地并肩越过终点线时，小胖兴奋地给了我一个结实的拥抱，额头上沁出的汗珠在阳光的照耀下光亮晶莹，疲惫的眼神中露出欣喜的神情，还有他那激动的欢呼在耳畔久久萦绕。真没想到，在他的陪伴下，我居然坚持跑完了400米！

教师：非常好！那么，相信通过今天的这节课，大家对于作文的修改都有自己的一些小小的心得、体会。

播放PPT：谈谈心得：结合本课所讲，今后在你的作文中，可以怎样刻画主人公呢？

教师：那么，本堂课之后呢，我希望大家以小组为单位，把这些心得体会在小组之内交流一下。交流完了之后，咱们把这篇例作修改完整，并试着修改自己的习作《阳光照在心坎上》。

播放PPT：

1.将这篇例作修改完整并试着修改自己的习作《阳光照在心坎上》。

2.拓展阅读"同窗佳作"，圈划批注值得学习的地方。

教师：并且呢，教师给大家准备了校园题材的同窗佳作。大家可以圈划、批注咱们值得学习的地方，好吗？课代表发一下，在这边。来，下课！

班长：起立。

教师：同学们再见！

学生：教师再见！

板书

《阳光照在心坎上》作文评改			
			烘托、对比、虚实结合、比喻
人物	小胖 陪跑	动作	甩开胳膊；摆动手臂，喘息不止，拖动，迈开笨重的步子
		肖像	满脸涨得通红（面红耳赤），汗水，微笑的神情，汗流浃背，汗水顺着头发滴下来，腹部的肉上下抖动，沉甸甸的
		语言	鼓励，呐喊，断断续续，短促简洁
		心理	
环境	热闹 阳光		

教学反思

作文是人情感的交流，思想的沟通。新课标对于学生初中阶段的写作也提出了"能根据文章的内在联系和自己的合理想象，进行扩写来丰富表达的内容"的要求。对于八年级的写作教学来说，应该引导学生"以读促写"，养成修改自己作文的习惯，做到文从字顺；能与他人交流写作心得，互相评改作文，以分享感受，沟通见解。

本班的写作教学从六年级开始，教师就会花大量精力教会学生捕捉生活中的写作素材，将一件或多件事完整、具体地记叙清楚。七年级的作文教学要求学生能够在记叙中有明确的中心，并尽可能做到详略得当，加入适当的描写。对于八年级的学生而言，在实际写作中往往言不由衷，考场作文的表达过于生硬，描写也变得平淡空洞。此外，本班学生没有主动修改作文的习惯，对于作文修改没有头绪，也不知怎么去改，因此积累好的作文不多。

本堂作文评改课的教学尝试，基于学生记叙类文体的积累，探索一些新活动形式来为教师教学中"教师精批，学生不改"和"教师教方法，学生不会用，甚至是列好提纲，学生写不来"的教学困顿，以及学生习作中存在的"应试时窘迫""修改时无措"和"调动积累时空乏"等具体问题寻找一个解决的途径或是突破口。

因此，本课的教学目标设定为：发现习作中的问题，能从本文的标题入手抓住写作的关键，在语言、动作、神态、心理等细节上对于主要人物进行细致刻画，学会作文修改的一些思路。二、能与他人交流写作心得，互相评改作文，以分享感受，沟通见解，养成作文修改和积累的意识。其中，以"能从本文的标题入手抓住写作的关键，在语言、动作、神态、心理等细节上对于主要人物进行细致刻画"作为教学重点，以"善于发现习作中的问题，学会作文修改的一些思路，养成作文修改和积累的意识"作为教学难点。

在实际教学过程中，主要围绕例作的第四段展开评改教学，用"抓住关键，启发质疑"来激发学生的作文修改欲望；通过鼓励学生在课堂上"回忆情景，说作文"和"头脑风暴，连词成句"的方式丰富学生的习作内容，为他们的作文修改提供方法；整堂课以发现、修改、互评、讨论、积累的步骤循序渐进地引导学生改善写作。虽然整堂课的环节紧凑，教学目标基本实现，但是仍有不足之处，如若反思重建，可就以下三点进行改进：

其一，课题缺少高度总结。本课主要围绕"人物的细致刻画"，引导学生在语言、动作、神态、心理等细节上对文章进行修改。因此，在课题的设计上可以突出这一教学目标，将课题定为《如何细致地刻画人物——〈阳光照在心坎上〉作文评改》，从而使学生在课前明确学习的主题和修改的方向。

其二，内容设计有待丰富。评改教学过程中可对作文审题、详略安排进行指导。此篇《阳光照在心坎上》应重点刻画喻为"阳光"的小胖，而学生例作却侧重写"我"

的心理感受，铺垫较长。这堂课的主要时间和精力都花在了语言表达中的人物描写。因此，这节课的作文评改不应是终点，可以启发学生在课后对于这篇例作中的审题、篇章结构、语言润色等其他方面进行修改。

其三，关注学生还不够。追求内容的达成，没有将重点放在关注个别学生修改中的具体用词和语言逻辑中存在的瑕疵。其实虽没有时间深挖，但却不能放过这些生成，可做简要的点拨。例如：课上学生提到"小胖沉重的脚步"，我只是简单地说用"沉重"形容"脚步"不妥，但却未详细解释。由于小胖的态度应是积极陪跑的，因此用"沉重"修饰"小胖的脚步"不符合他当时的心理，而修饰跑得极累、极想放弃的"我"则是贴切的。又如：例文中写到"我看见跑道那头有一缕阳光照耀着我"不符合事理，虽学生未发觉，但会影响学生今后的习作习惯，理应点拨，不宜放过。所以，教师不仅要关注到学生回答的对和错是否达到预设，更要关注学生具体答了什么和为什么会这样回答。

总之，虽然这篇《阳光照在心坎上》的例作修改课上完了，但是对于作文教学仍有许多思考，需要继续深入。如：挖掘、调动学生生活经历和体悟，使习作更符合事理；设计序列化教学目标，将审题、谋篇布局、语言润色等细化成一个个小的专题进行教学；关注书面语言的写作训练，将口头语言训练转变为书面语言训练。在今后的作文教学中，我也将继续尝试探索这些写作教学的策略，激发学生的习作热情，切实帮助学生提高写作能力。

研 讨

很多教师都不会选择作文课来开公开课，这是由作文本身的特点决定的。它涉及选题、审题、立意、语言、情感等很多方面，这些方面都带有强烈的个人色彩，需要灵感的碰撞和专业能力才能上好。学生写作水平的提高，是一个循序渐进、聚沙成塔的过程，而公开课作为表演性质很强的课，从效果角度很难在一节课上达到。

听完王慧玲教师的这节作文评改课，我脑海中只浮现一个字：实！

1.切入点"实"

王慧玲教师很机智地选择容易产生心灵碰撞的材料——"小胖"陪跑，和容易突破的写作技巧——描写来写，没有面面俱到，而是集中火力攻破一点，将训练点缩小，将各处描写化作具体的语言，真正让学生在这节作文课上"有所得"。

2.选材"实"

从选材上，这篇《阳光照在心坎上》内容简单，层次分明。最重要的是，教师选择人人都有切身体验的"跑步"来写，很容易引起学生的共鸣，也方便学生的想象和联想，从而推动课堂的有效进行。假想一下，如果选择一篇游记，那么在讲评过程中，便会产生一些分歧，影响课堂的参与度。

这篇简单的记叙文，正是删去了很多浮华，留下了最简单、最本质的内容。

3.板书"实"

其实很多时候，公开课增添了很多表演的性质，缺乏了一些本真，就连很多板书都蒙上了一层华丽的外衣。各类符号，如"爱心""问号""双向箭头"……在板书中出现次数渐多。无疑，这些板书的设计在一定程度上确实增添了趣味性，使课堂别开生面，更加强了上课内容在学生脑海中的印象。

但是花哨的形式不一定能让学生一目了然、学到扎实的知识。而王慧玲教师的板书实实在在，将各处描写化作具体的语言，让学生知道"该怎么写"。

4.教师的"实"

除了上述这些实实在在的东西，王慧玲教师本身也是很实在的教师。作为公开课，针对教学效果，很多教师会准备一些很形式化的内容。但是王慧玲从本校学生的学情出发，设计最基本的内容展现出来。据本校教师反映，上海市龙茗中学外地生比较多，学习的积极性和主动性较差，教师更多时间花在了基础知识的掌握上。因此在作文这一块，学生缺少悟性，提高较慢。

从学生实际出发的教师，将学生作为课堂的主体，兼顾教学表现的教师，不会是不优秀的教师！

此外，从教师时间的控制、教学目标的达成、学生回答问题的引导和反馈方面，都能看出教师扎实的基本功。

对于这节课还有一些小小的建议。首先，对学生答案的把握可以更加准确有效，如课堂上对于"沉重"和"笨重"的定义和使用；其次，课堂标题最好改得更加明确一些，而不是更像一节阅读课的标题。再者，最好在最后总结一下需要加强小胖描写的原因，加强学生的理解，提高领悟能力。

讨论中提到以下几点：

1.明确各阶段训练目标

学生对作文的学习是一个连贯的过程。每一个年级都有各自的训练点，如六年级学会讲清楚一件事，七年级学会审题立意，八年级学会描写、修饰语言，九年级把握整体。作文的训练的确是漫长的，自然也需要学生多读多写，至少要有精于一面。

作文的训练是有序列的。如文题"阳光照在心坎上"，在审题方面，可以思考"阳光"出现了几次？阳光的含义是什么？在构思方面，包含语言鼓励、行动鼓励及终点等待……这些方面思考的内容不一样，作品的层次也不一样。

2.发挥学生的个性

有人说，作文训练到最后只剩下一个模式，以致大家都写出了一样的文章，不具有个性。

"个性"属于更高层次的内容，是学生在写好文章

之后所追求的内容。因此在作文课上，教师应先指导共
性的内容，如选材、语言方面，再将学生分层提高。"话
先说多，然后怎么说，最后再从'我'的角度切入"，
大概讲的就是这个意思吧。

其实作文的很多地方都凸显出学生的个性。如对题
目的把握，选定的素材，立意的拟定，语言的风格，包
括对生活的体会等，很多内容不是教师能教会的，需要
学生在学习中熏陶出来，这些都是学生个性的东西。

3.如何将生活的体会融入到作文的素材中

很多时候，学生抓耳挠腮，就是想不出适合文题的
素材。其实生活中能用的东西很多，即使是学生这样两
点一线的生活。学生总以为只有轰轰烈烈的生活才能写
在笔下，但轰轰烈烈不是谁都有的。因此是孩子没有生
活吗？不是的，他们只是不会去体会生活。

其实有很多方式可以帮助学生选择好的素材。

譬如，"以读促写"，选择典范的文本，最好是能
充分调动学生的体验的文本，教会学生如何写真人真事。
其实作文素材也可以虚构，但是即使是虚构，一些细节
也要建立在真实的生活上，要改变学生信口胡诌的毛病。

案例六 小说的教学

教学设计

二十年后

执教： 上海市万里城实验学校　黄　烨

【教学目标】

1. 理清故事情节，了解欧·亨利小说设置巧妙情节的特点。

2. 品味人物描写，揣摩人物性格特点。

【教学重难点】

1. 重点：通过对情节的梳理和概括，了解欧·亨利小说特点。

2. 难点：通过品味人物描写，揣摩人物性格。

【教学过程】

一、导入新课

二、初读课文，整体感知

1. 概括故事情节。

2. 明确小说人物及其身份。

三、研读课文，分析感悟

1. 关于鲍勃嫌疑犯的身份，文中有什么依据？

从这些依据中，可以看出鲍勃的什么性格？

2. 关于杰米的身份，文中有何依据？

从这些依据中，可以看出杰米的什么性格？

3. 质疑：

①杰米为什么自己不抓鲍勃，还要让一个便衣警察出手？

②鲍勃是否就是一个坏人？从文中找出依据。

4. 鲍勃看信后明白了巡警就是杰米，假设你是鲍勃，你会有怎样的心理？

（讨论交流）

5. 概括、小结。

四、布置作业

展开想象：鲍勃入狱两年后，杰米去探望，两人相见，会是一个怎样的场景？

五、板书设计

```
30. 二十年后

        鲍勃：爱炫耀、圆滑、狡猾、重情重义
        杰米：正直、公私分明、重情重义
```

课堂实录

师：今天我们要来学习的是美国作家欧·亨利的小说《二十年后》，请大家把书翻开。之前我在一班上课的时候，有很多同学跟我讲：教师，我这篇小说没看懂。然后我们之前也做过了记录笔记了是吧，也有同学在你们的自读笔记当中反馈给教师说你们好像也没有看懂。那么首先，就请大家打开记录笔记，再快速地默读一下我们的课文，之后看看，有谁能概括一下，这篇课文讲了一个怎样的故事。给你时间。

师：好，谁来说说看，不要害怕。同学，你试试。

生：……

师：好的请坐，我们再找个同学说说看。

生：杰米发现了通缉犯鲍勃，却无法下手，找个警察来逮捕他。

师：两位同学的概括其实中间是有不同的，那说明其实大家对这篇文章的理解也是有不同的。首先教师想问一下大家，这个小说中有几个人，他们是什么身份？

生：鲍勃，警察杰米，便衣警察。

师：那鲍勃是什么身份？

生：通缉犯。

师：我们一起来看一下，说到三个人和各自的身份。

师：刚才夏春燕说，鲍勃他是一个通缉犯。那么他这个通缉犯的身份，教师想请大家找找，在文章中，有什么依据，能够提示你，他是一个通缉犯。大家可以拿出笔，在文中圈划。

师：好，我们一起来交流一下，谁来说说看，文中哪些依据可以提示你，鲍勃是个通缉犯？

生：第十三节的主要内容。

师：可以暗示身份很不简单，是吧。请坐，你——

生：第六小节，苍白的脸，目光炯炯，靠近右眉梢，他雪白的疤痕，这是运用了肖像描写，鲍勃外貌历经沧桑，他雪白的疤痕表现了他在西部的生活不安逸，暗示了鲍勃真实身份，

师：其实并没有那么平凡。很好。你来。

生：（朗读关于钻石的描写）

师：很有钱。嗯。但是这颗钻石他戴着就显得很（生：奇怪）奇怪，和他身份好像不怎么搭。

生：第三小节：在一家黑黢黢的五金店门口，有一个人靠墙站着，嘴角衔着没有点火的雪茄，他是站在很黑暗的地方，并且是靠墙站的。这表示他并不想让人注意到。

师：这个人很奇怪，是吧，请坐。这里有个新词需要大家积累，就是这个"黑黢黢"，拿笔在边上，书写一下。

师：好，我们一起把这个句子读一下"在一家"，预备起。

生："在一家黑黢黢的五金店门口，有一个人靠墙站着，嘴角衔着一支没有点火的雪茄。"

师：关于他的身份的依据，还有吗？

生：当警察向他走过去的时候，他迫不及待地说，这里

没有什么事发生，警官，我是在等候一个朋友。这句话体现当时警察来了的时候他非常的心虚，就可以体现他非常怕警察，就说明他以前是个通缉犯。

师：以前是通缉犯？

生：他是一个通缉犯。

师：因为心虚，害怕警察，所以他的身份肯定不简单。再来补充。

生：（找了一处完全无关的内容）

师：这句话能够暗示你他是通缉犯吗？能吗？

生：好像不能。

师：好像不能啊，教师也觉得这句话不能暗示他是通缉犯。

生：一般人身上不可能有这么多钻石的，身上到处是钻石，显示他身份特殊。

师：一个人身上到处戴着钻石，除了体现身份特殊，可能还怎么样？

生：非常爱炫耀。

师：哦，非常爱炫耀。就从我们找到的这么多依据当中，你能发现鲍勃身上怎么样的性格呢？

生：喜欢炫耀。

师：哦，喜欢炫耀。

师：某某某，你来看他是怎样的特点。

生：很精明。

生：圆滑。

师：圆滑，怎么看出来的？

生：从他和警察的对话中，他把自己来到这里的原因一笔带过，所以很圆滑。

师：那么，杰米他是一个警察的身份，文章当中又给了你哪些依据和提示？谁来找找看。

师：这个可能有点难找，是吧？

师：我们来交流一下，谁来开个头。

生：第八小节，"警察问……"。如果说警察和鲍勃是没有关系的，不需要去问他，这暗示了警察和鲍勃的关系。

师：非常好。

生：第三小节。

师：可能因为不知道，这就是相约的地点是吧，就放慢了脚步。大家同意这个想法吗？那么我想问问大家，如果你看到一个人，站在黑黢黢的一个街角，他的嘴里叼着一支没有火的烟，你会不会注意他？会的是吧？

生：（读了在文章的开头对"巡逻警察"的描写）

师：在文章的开头，而且是文章的一开始，花了那么多的篇幅，描写一个巡逻警察，这个警察的身份很特殊很耐人寻味。

生：不可能在那么快的时间找到警察，这说明他想弄清楚一些什么，他能这么快地找到警察，说明他就是一个警察。所以提示了我们。

师：于是后面有一句就很直白地告诉大家，这是巡警威尔士，揭示了巡警的身份，他就是警察。那么，从我们刚才找到的依据当中，你们能够发现，杰米身上有怎样的性格。

生：正直。

师：正直。怎么表现？

生：没有因为鲍勃是他的朋友，而不逮捕他。

师：讲得很具体呀。是个很正直的人。

生：第一节："一阵阵寒风带着雨意"还是在大街上巡逻的，说明他很尽忠职守。

师：尽忠职守，非常好。

生：第二节，"警觉地瞧着大道"，表现的是敏捷。

师：敏捷，"警觉地瞧着大道"，表现的是敏捷吗？

生：警惕性高。

师：警惕性高。

师：接下来，我们就来解决大家质疑部分。我特别困扰的一个问题，就是这样一位，这么正直，尽忠职守，警惕性高，包括刚才同学提的敏捷的警察，看到了嫌疑犯，为什么不能自己亲自抓，为什么还要出现第三个人：便衣警察。

生：因为，毕竟鲍勃是他的好朋友，所以，杰米实在无法下手抓他的老朋友，找个警察来抓他。

师：从中可以看出杰米身上怎样的性格？正直？

师：那么被抓的鲍勃，他就是一个坏人吗？大家给了我一个否定的答案。文中找找看，你们觉得他不仅仅只是一个坏人的，圈出来。

师：那我们来说一下，鲍勃为什么不是一个坏人？

生：因为有约定。

师：他很守约。

师：为什么这么说？

生：他很注意时间。

师：这时间怎么样？他记得非常准，所以可以看出鲍勃他，非常重视这个约定。非常好。

生：第七节，二十年后，我们就在这里会面，说明他守约。

师：好，有点紧张啊。我们发现鲍勃，虽然是个通缉犯，可是他身上也有值得我们学习的地方。鲍勃一直到被抓，看到那封信的时候，他才明白，杰米就是那个巡警。那么我想请大家小组讨论一下，假如你是那个鲍勃，你会有怎样的想法？同桌之间，讨论一下。

生：……

师：来，一起交流一下。我刚才听到了独特的答案。

生：鲍勃会遗憾，他走了一千公里来赴约，但是最终却没有见到杰米，会觉得遗憾。

师：很遗憾，大家同意吗？会觉得遗憾吗？直接点头了。

师：某某，你觉得鲍勃会有怎样的感觉？

生：感动，杰米不忍下手抓鲍勃，说明杰米对于他和鲍勃之间的友情特别重视。

师：某某。

生：惊讶。

师：真正的实现二十年前的约定，是吧？

师：其实欧·亨利的小说，最让我们读者觉得很意外，大家第一遍读的时候，可能不晓得有没有全看懂，但欧·亨利在他的小说中处处都设置了非常巧妙的伏笔，这是他写作的高明之处。

师：那么刚才同学提到了，其实鲍勃是有遗憾的，因为没有真正见到面。那么教师想请大家看看能不能解决一下这个遗憾。今天的作业，大家进行一下想象，鲍勃入狱两年后，杰米去探望他，两个人这时见面了，会是怎样的场景。

教学反思

  这节《二十年后》在设计之初的教学目标定为——概括故事情节，了解小说巧妙的情节、悬念设置，品味"欧·亨利式"的结尾特点；抓住人物语言、动作、外貌等细节描写，把握人物性格，感悟作者幽默笔触下的人性美。

  针对这样的教学目标，设定了一个开放性讨论的课堂环节，试图让学生直接从结局的那张字条入手，讨论对于这个结局是否感到意外，并从文中找依据。然而在试讲的过程中，发现学生对指令不明确，不知道该如何去寻找暗示结局的依据，导致课堂十分沉闷，且无法完成全部的教学环节。

  究其原因，就是学生在预习过程中对文本的阅读不够深入，导致存在看不懂小说故事情节的情况。这也是因为在教学设计之初对文本的基本情况和学生对文本认知的基本情况的预估出现了失误。

  因此，基于这样的课堂反馈，决定改变教学目标，还是选择采取课前布置校本作业"自读笔记"的方式。自读笔记是我校初中语文教研组的统一规范作业，旨在通过辨识、提要、质疑等环节，让学生能够深入文本，让教师能够在批阅后对学生的预习情况有一个准确的整体把握。

从学生自读笔记的质疑部分中，我得到了学生辨析不清杰米和便衣警察的信息，了解到了学生在初读时对人物身份的混淆，以及阅读三遍以上才能辨析人物的情况。因此，我放弃了一开始的开放性环节，还是对文本的细读、圈画为主，将教学目标修改为——理清故事情节，了解欧·亨利小说设置巧妙情节的特点；品味人物描写，揣摩人物性格特点。避开了概念上的"欧·亨利式"结局"意料之外，情理之中"的灌输，而是通过人物身份信息的依据查找，让学生自己去梳理小说的情节内容，进而引出下一环节对不同身份的人物的性格特点的揣摩。

就展示课的课堂而言，达到了让学生充分进入文本的效果，学生拥有充足的时间沉浸在课文之中，达到以学生为主的目的，改善了单纯教师教、学生学的弊端。其次，对于这篇小说的分析较为到位，明确了本篇小说可以从"三要素"入手的教学方法。

但这堂课还是存在着不足与需要改进的地方。

例如王意如教师指出，在教学环节中"为什么杰米自己不抓鲍勃，还要让一个便衣警察出手"的问题的处理有些过于简单，点到了人物重情义的性格特点就戛然而止了，课后评课讨论中指出，其实可以通过追问，将

"情""理"之间的关系辨析明确，让学生能够准确地把握住"有情有义，更有原则"中的"更"字体现出的递进关系，进而能够更清晰地把握作者在处理人物时的目的，就是要表现人物身上的性格特点。

同时在课堂中进行小结时，提到了"鲍勃身上也有值得我们学习的地方"一句。鲍勃的身份是明确的通缉犯，不能用"学习"一词，以免学生出现价值观上的混淆。从中，我也意识到了，教师在课堂中的每一个细节其实都要关注对学生情感态度价值观的培养，细节之处方见对学生的德育是否到位。

《二十年后》是一篇经典小说，对于经典的教学不仅仅要关注文本的内容，更要关注文本的教育意义，这也是作为教师应该着重关注的。这一次反复修改、试讲、展示的过程，不仅仅是一堂有效教学的语文课的形成过程，更是对自身语文教学的促进，让我受益良多。

案例七 现代诗歌的教学

教学设计

再别康桥

执教：上海市虹口区继光中学 黄智华

【教学目标】

1. 初步掌握通过意象分析鉴赏新诗的方法
2. 体会诗人对难忘岁月的怀念和对惜别的深情
3. 背诵全诗

【教学重点】

初步掌握通过意象分析鉴赏新诗的方法

【教学难点】

学生处于从初中到高中的衔接阶段，有一定审美感知力，但停在感性认识阶段，只知其美，不知其何以美，亦不知这美背后，作者寄予的感情和融入的生命体验。

起点：知其美而不知其何以美

终点：会从意象角度欣赏美

教学过程

第一部分：康桥印象

　　一、创设情境

　　教师读全诗（播放康桥和徐志摩的照片）

　　二、解题

　　从一别康桥到再别康桥（详见学案）

　　三、起点检测

　　用一个词表达自己的初读感受。（见学案，PPT 展示。

提问：为什么呢？预设终点问题）

　　初读全诗，一位学生读诗，全班同学圈划、正音、思考：
"诗歌中哪些景物给你的印象最深刻？"

第二部分：康桥特写

　　一、诗歌中哪些景物给你的印象最深刻？

　　二、每组精读一小节，思考这背后的原因，小组探讨。
（5分钟）

　　第1节：云彩

　　第2节：金柳、艳影

　　第3节：青荇、柔波、水草

　　第4节：清泉、彩虹

　　第5节：青草、星辉

　　第6节：夏虫

　　第7节：云彩

相关问题：

1. 金柳、艳影：结合学案中"送别诗"推荐

融入作者主观感情——喜爱、不舍，从客观的"物象"转变成只属于作者笔下的"意象"

意象：物象＋作者的主观感情

2. 青荇、柔波、水草中寄托的感情是？——缠绵

如何理解"我甘心做一条水草"

（补充：陶渊明《闲情赋》"愿在裳而为带，愿在发而为泽"）

3. 清泉、彩虹——讴歌、赞美

为什么会将地上的"清泉"和天上的"彩虹"联系在一起？

由清泉而跳脱到彩虹，画面极具色彩、动态、跳脱，充满想象力

4. 青草——离恨绵延不绝

（补充：李煜《清平乐》："离恨恰如春草，更行更远还生。"）

星辉：埋下伏笔

5. 夏虫——萧条、最后的繁华，归于沉寂

（《庄子》"夏虫不可以语于冰者，笃于时也"）

6. 从"作别西天的云彩"，到"不带走一片云彩"，作者的感情发生了什么变化？

从"移情于物"，到"物我两眷"

（白居易"彩云易散"）

三、总结：从不舍到缠绵，到拳拳思慕，将这份深情酝酿到极璀璨，而最终归于平淡的挥挥衣袖，从"作别西天的云彩"到"不带走一片云彩"，作者所有的感情都寄托在一草一木之上，白话与古典齐飞，活泼共深情一色，宁静之美藏于内心，澎湃之思溢于言表，有动有静，物我相眷。

说明：此部分每分析一段即请该组同学大声朗读。全诗分析由每组串起全诗朗读。

第三部分：康桥全景

一个个意象的组合还原了康河的美景，也带出了作者在再别康桥时的心路历程。

一、提问：填空：再别_____

这个融入作者主观情感的康桥是只属于作者一人的风光，也是隐藏在风光背后的故事，更是一段再也回不去的青春岁月。

二、全班齐读全诗。

第四部分：总结与作业

总结：通过意象的运用，作者勾画出康桥美景，也传递出自己对于康桥的深挚感情，同时，也将自己的人生观寄托其中。虽然是新诗，却有古代诗歌一脉相承的审美趣味；虽然化用大量古代诗歌的意象，却具有新诗特有的韵律和美感，显得新颖、含蓄而深沉。

【作业】

1. 试着使用"意象"，创作一首小诗。

2. 背诵全诗。

课堂实录

师：上课。

班长：起立。

师：同学们好。

生：教师好，各位（听课）教师好。

师：请坐。非常感谢各位同学跟我一起来学习，一起走进徐志摩这个康桥的世界。我们的同学其实在课前已经非常认真地完成了我们的预习工作。大家对徐志摩有什么印象？（点生甲）

生甲：徐志摩类似一个花花公子，但是他多才多艺。建筑学啦、文学啦等艺术方面他都有很深的造诣。

师：很好，其实你预习得非常充分。大家还记得当时给大家看过的两张照片吗？他是一个既可以穿西装也可以穿长衫的人。所以刚才同学说到他多才多艺学贯中西。第二张照片就是我们今天要一起走进的康桥。那这张照片所呈现的康桥和作者笔下的康桥有没有什么不同？同学们可以课后，再一次问一下自己这个问题。先请一位同学来帮大家朗读一下整首诗。（点生乙，生乙朗读全诗）

师：（点生丙）她读得好吗，你觉得？

生丙：我觉得她读得挺好的，但是没有什么感情。

师：除了没有感情还有什么小小的问题可以帮她挑出来吗？

生丙：第四段，那"榆荫（强调第一声）下的一潭"，还有"沉淀着彩虹似（强调有翘舌）的梦"。

师：大家都非常好，然后那个包括生乙把很多容易读错的字都读对了。比如说"满载一船星辉"的"载"（强调第四声）。好，那刚刚生丙还提到另一个问题，读得好像没什么感情。我们再来请问一下生乙，你觉得你读出感情了吗？

生乙：没有。

师：哦，没有。好像我们对它的理解仅限于字面上觉得还挺美的，但是好像读不出很深的感情。那昨天的预习当中让几位同学提出自己的问题，很多同学提出："到底徐志摩当时是怀着怎样一种心情写下这首诗的？"或者"到底全篇表达了怎样的一种情感"？我这边截取了两位同学的作业（展示）。那有没有同学觉得说我预习完了之后我就有一点想法，我就读出了一点感情。有同学能来说说看吗？顺便回答这两位同学提出的问题。（点生丁）你读出感情了吗？

生丁：读出一点感情。

师：你觉得是什么样的感情？

生丁：主要在康桥这个地方，他遇到很多志同道合的好朋友，但他要和这些朋友分别，非常依依不舍的这种（感情）。

师：你读出了依依不舍。好，然后再请问你哪里读出了依依不舍，有同学读到了其他感情吗？来同桌（点生戊）。

生戊：我觉得比较柔美。

师：比较柔美，这个美的。柔美是形容这个地方，你觉得看到这些柔美的景物，作者的感情是什么样的呢？

生戊：喜爱。

师：读出了喜爱。有同学要补充的吗？

生己：对物是人非的一种感慨。

师：噢，很深哦。很深的感情，什么"物是"？什么"人非"？怎么样的"感慨"？请你给大家细细分享……哦，又有同学举手。

生庚：我读的话从全文结构来看，全文在倒数第三段达到高潮，我觉得其中有一种对康桥非常不舍的情结，可以概括为"欲说还休，却道天凉好个秋"。

师：欲说还休，你再一次强调了这种不舍，看样子有这种不舍的情感，大家对这种情感都非常认同。认同吗？大家认同。好，问题来了，哪里读出了不舍？刚才同学提出来从倒数第三段开始觉得这种不舍的情感慢慢酝酿起来。是在这倒数第三段才有的吗？还是说其实文章开始不久的地方就有？你说说看（点生辛）。

生辛：第一段就有。

师：第一段就有，哪里？

生壬："我轻轻地招手，作别西天的云彩。"

师：为什么你觉得这当中有不舍呢？

生壬：因为是西天的云彩。

师：好像说到西天，总是跟日暮西沉，跟这个衰亡有点关系。除了这个地方你觉得其他地方还有不舍吗？

生癸："在康河的柔波里，我甘心做一条水草。"

师：很好哦。第一段、第三段都有同学找，难道第二段就没有不舍吗？你来说。

生子：第二段的第一句"那河畔的金柳"。

师：刚刚那位同学说"我甘心做一条水草"，好像有甘心在里边，有不舍。第一位同学说"作别西天的云彩"，有作别在，那我们知道，也有不舍对吗？只有不舍才会让他告别。"那河畔的金柳"，你只读了六个字，为什么这个当中会有不舍呢？

生子：因为这个"金柳"的"柳"在中国的古诗文里面和"留"是同音的。

师：那你可不可以举出一个例子来？

（沉默）

师：一下子想不出来吗？没事，请坐。虽然你一下子想不出来，但是很多同学都帮你想出来了。昨天让大家做的回家作业，让大家找一首送别的诗，很多同学有意无意地就在当中出现了"柳"字。来认领一下，第一句谁的，来给大家读一下。（点生辛）

生辛：《送元二使安西》，唐王维。"渭城朝雨浥轻尘，客舍青青柳色新。劝君更进一杯酒，西出阳关无故人。"

师：好请坐。看样子大家体会到这种留恋的，体会到"柳"字赋予的这种情感之后，读的时候自然就把这种情感加入进去。来第二句，谁选的《送别》？（生甲起立）

生甲："晚风拂柳笛声残，夕阳山外山。"

师：又是生甲，好巧。当我们发现了感情之后，好像生甲读出了一些特别的味道。第三句。（该生因参加比赛未至）他选的是一首现代诗，当中还是用到了这个"折柳相送"。我们看到无论是这个李叔同的创作，还是在这个唐朝时候的作品，在表达离别的感情的时候，很多诗人不约而同地——不管是古代诗人还是现代诗人——都用到了柳树这个植物，对柳树进行了描写。正像刚刚同学所说的，是因为柳树好像就会给大家这样的感觉。其实用柳树表达这种感觉，在我国最早可以追溯到《诗经》当中就是如此的，"昔我往矣，杨柳依依；今我来分，雨雪霏霏"。包括我们高二要继续学习的"杨柳岸，晓风残月"。我们看到每次表达离别的感情的时候，表达刚刚同学说到不舍的感情的时候，总是不约而同地使用到"柳"这个意象。所谓"柳者，留也"。一方面柳树具有什么样的特点？

生：生长在水边。

师：生长在水边，柳条非常长，好像这个纤腰可以挽住人思、可以留住远去的车马，可以勾住远去的思念。另外一方面，认为杨柳具有一个特点，杨柳是可以落地生根的，那折柳赠别以后，也可以把这份思念在远方欣欣向荣地陪伴他远去的人，一起在远方很健康地成长。好，所以我们发现，这个时候柳树在我们印象中和不舍有关。同学们都见过柳树吗？见过吗？（生寅点头了）你见过柳树对吗？

生寅：见过。

师：好，你觉得我们举出的那么多诗歌中的柳树，和你见过的柳树有不同吗？

师：你是在哪里见过柳树的？

生寅：课余时间在河边。

师：你和谁去看到的？

生寅：我自己。

师：你自己一个人？在这个课余时间去河边看到了柳树，你心中会有不舍和离别吗？

生寅：那倒还没有。

师：所以为什么有的时候有这种不舍、离别的感觉，有的时候好像觉得它就是柳树而已么！

生寅：因为寄情于物。

师：你那个词叫什么？

生寅：寄情于物。

师：寄情于物，好。你用到了一个寄情于物的说法，将人的感情，寄托在了物里。这个时候我们看到，普通的一棵柳树，司空见惯的一种植物可以怎么样？可以带出很多不舍的感情。非常好，请坐，讲了一个很高级的词。那在这一段中我们现在已经感觉到，他确实有很多这种很深的离别、不舍的感情在，可以说是跟徐志摩的个人经历有关，也可说是从《诗经》开始一脉相承，和中国的文化传统有关。我们现在带着这种感情，一起来把这一段"那河畔的金柳"朗读一下。

（师生共同朗读该段）

师：好。当一个物，被寄托我们的感情之后，它不再是一个物，而有了我们的感情。这个时候，这个物，我们说它由一个物象就变成了意象，就融入了作者的主观情感，变成了只存在于作者笔下的意象。好，那大家思考一下，刚刚我们已经找到了，"河畔的金柳"是诗歌当中的意象，在这一段当中还有其他的意象吗？

生：夕阳、心头荡漾、新娘、艳影、波光……

师：所以我们看，我们平常看到的新娘是什么样的？美的、喜悦的。但是在这个时候，她还是我们平时见到的很美很快乐的新娘吗？不是，虽然她也是很美的，但是被染上了夕阳的色彩，被染上了离愁别绪。而平时我们觉得很美的波光里的艳影，变得怎么样？生卯你说说看。

生：生活啊，学习啊，最好的伙伴，一起经历的美好的经历。

师：好像感觉在波光里不仅看到了金柳的艳影，还有过去生活的艳影。你想得很深噢，好，请坐。好，我们看，短短的一段诗当中，就出现了非常多的意象，出现了非常多沾染上作者主观情绪的表达。那这边，"夕阳中的新娘"，用了一个"是"字，这是什么手法？暗喻、比喻对吗？或者说，用"波光里的艳影"从它的影子的角度再去描写新娘，他始终是围绕着"金柳"这个意象的。所以我们全诗出现的意象很多，但是每段都有一个集中描写的对象。好，现在给大家一个小组讨论的时间，请大家圈出其他的意象，每段圈出一个就可以，比如说这个"金柳"，找出一个最鲜明最集中的，说一说你从中读出了什么样的感情。

（分组讨论）

师：同学们的讨论都非常热烈。哪一组先来说？

生辰：我们组选的是"天上虹"。

师：好，是怎样的情感？

生辰：我们想要把这个"天上虹"结合到这一句话里面一起来说。"那榆荫下的一潭，不是清泉是天上虹"这句话里面，脑中浮现出这样一个场景，就是夕阳西下的时候，天上的红霞把原来清澈的潭水给映成了红色。

师：映成了红色的？这段里写的是什么样色的？

生辰：金色的。

师：金色的？

生辰：绿色的？

师：开始猜了啊。回到文本，这段里面写的是什么样色的？

生辰：彩色的。

师：没关系，打断一下。染成了彩色的，然后呢？

生辰：我觉得彩色的有一种充满了梦想的感觉，因为我觉得对于徐志摩来说，他在这里学习了建筑啊，学习了很多很多。

师：是政治经济学。

生辰：他在这里学习了很多，说明他对这方面有追求，是他梦开始的地方。

师：你说康桥是一个梦开始的地方，那此刻是一个梦怎么样的地方？

生辰：表现出内心的不舍。

师：再回到文本中哦，同学非常聪明，非常擅长把之前预习的资料运用进来。但是我们还是回到文本，梦开始的地方没错，他在这里学习政治经济学，认识了包括狄更斯在内的作家的作品，在这边接触了雪莱、济慈等人的一系列诗作。但是我们看这段，他的这个梦是怎么样的？"揉碎"了。好，这样的一个非常美的梦，文学梦，在写诗的时候用了"揉碎"这样一个词，去讲斑斓彩虹一样的梦，所以是一种怎么样的情感？你的那么美的梦被"揉碎"了。

生辰：非常悲伤。

师：非常悲伤、感伤。悲伤、感伤这两个词，你觉得哪个更合适呢？

生辰：感伤。

师：为什么感伤更合适呢？

生辰：更加柔美一点。

师：更加柔美一点。看起来同学还是非常敏感。好，开了个好头，哪组继续？

生巳：我们组是第六段，我们找了两个，一个是"笙箫"，一个是"夏虫"。

师：一组意象哦。

生巳：对，一组意象。首先是"笙箫"，就是一种古代的乐器，这里就可以解释为音乐。然后他又说了是"离别（当为"别离"）的笙箫"，那就是很悲伤的音乐。然后后面，"夏虫"，夏天的虫子像蝉，是比较吵，比较杂乱一点的那种，然后他这里说"夏虫也为我沉默"，这里作者想要表达就是伤感的一种情绪，像夏虫这么吵闹的都沉默了，像在要为我送别一样，更表现出作者不舍的情怀。

师：更加加强了这种不舍，更加加强了这种感伤。如果前面只有淡淡的感伤，当他发现他不能放歌，并且当他把自己的这种情感投射到"夏虫"上的时候，这种情感有没有什么变化呢？

师：和前面的感伤相比，是更加强了一点还是？

生巳：变得更加强了，就有点忧愁之意。

师：噢，忧愁之意，请坐。我们可以给出很多词，但是大家发现，这个时候比单纯的感伤，已经更加强了，变成了忧愁。无论是为他沉默的"笙箫"还是"夏虫"。好，当中是不是跳过了一段。来，跳过的那段，来补充起来，那一组，"寻梦"的那一组。

生午：我们找到的是"星辉"。

师："星辉"。

生午：这整个句子"满载一船星辉"，这里的"星辉"指的是作者的理想，之前写的是"寻梦"，所以是未完成的理想，表达了作者对未来的些许期待，然后也为下一段做一下铺垫。

师：怎么为下一段做铺垫呢？下一段是沉默了，这里是？

生午：期待。

师：作者和"星辉"的关系是什么？

生午："放歌"。

师：你在什么样的情况下才会想"放歌"？

生午：开心的时候。

师：开心的时候。那你现在上课也很开心，你会想"放歌"吗？

生午：不会。

师：那为什么作者这个时候要"放歌"呢？为什么在"星辉"里就要"放歌"呢？

生未：只有他一个人，并且很悲痛。就是想要把自己内心的一种情感释放出来。

师：只有他一个人，要释放自己的情感，并且这时候他的内心很悲痛。是不是真的只有他一个人？剑桥大学游人如织，当然不止他一个，但是此刻他的环境中只剩下了自己，有一种陶醉，并且这样一种"放歌"的梦想不能够实现，自己的寻梦不能够找到，感觉到了他的悲伤。"星辉"，最开始是沉醉的，最后才发现，其实是有悲伤的。再提一点（点生午），还是你们这组，"满载一船星辉"，"星辉"是可以被承载的吗？

生午：不可以。

师：是不可以被承载的，所以这里被承载的是什么呢？

生午：失落的理想。

师：是失落的理想，理想失落之后，船上承载着？

生申：船上承载的是他的失望。

师：船上承载着失望，请坐。用"载"这个动词去表示自己的感情，我们在之前的学习中学过吗？好，我们会在之后的学习中学到，比如说"又恐双溪舴艋舟，载不动许多愁"，或者"遍人间烦恼填胸臆，量这些大小车儿如何载得起"。其实"载"这个词，也是有典故的。好，继续，其他几组。

生酉：我们找的是第一段中的"云彩"。诗里面说的，"轻轻地挥手"跟"作别"这两个词，都是对这个云彩的。然后我们想，他这个云彩可能指的是这个作者离他比较远的一些志向，以及自己在这块地方的生活。

师：为什么你觉得云彩可以指志向呢？心中的这种追求、志向，或者生活呢？

生酉：因为云彩有种漂泊不定的感觉，没办法触摸到的。

师：无法触摸，但是人心中一直在追寻。云彩是什么样的？

生酉：洁白，很单纯。

师：好，请坐，非常好。大家说云彩的时候，不仅在文章的开始出现，那当他要作别这个白云，它是非常纯洁的，还是彩云，它是非常斑斓的，作别的时候我们看得出是有一点失落的。那这种失落我们看，云彩在最后一段也出现了，有没有什么区别。我们把这个放到最后，先把另一段解决。哪一组？

生戌：我们找的词是"青荇"，因为青荇就是一种水草，作者下一句说"我甘心做一条水草"，那水草就可以在康河的波浪里生长，而他要离开康桥了，我觉得可以体现出作者一种不舍的情感。

师：为什么说看到水草就会不舍呢？看到柳树不舍我们知道，看到水草为什么会不舍呢？

师：他是怎么描述这个水草的？

生戌："油油的在水底招摇。"

师：这是水草本身的形态，那看到水草这个形态以后，作者想要做什么？

生戊："我甘心做一条水草。"

师：找到哪个词？

生戊："甘心。"

师："甘心。"这个时候作者不是置身事外的，他想和康河怎么样？

生戊：在一起。

师：在一起，融为一体在一起。好，所以我们看到，当看到非常美的景物，非常喜爱的事物的时候，不自觉地就想跟它融为一体。早在陶渊明的《闲居赋》中，就已经有这样的写法了，以后同学们可以读到"愿在发而为泽，愿在裳而为带"，愿意成为你头发上的香泽，愿意成为你衣服上的衿带。所以我们说，再一次想起我们那个穿着长衫的徐志摩。我要问你们这组，"水草"的这组，你们一直在说水草，为什么你们找的这个词是"青荇"呢？水草有这种很缠绵的深情在，但是你们给我的词明明是"青荇"啊。青荇这种水草见过吗？

生：没有。

师：没有见过，可能徐志摩他也没有见过，因为"青荇"是不可能在水底招摇的，它是一片一片圆形的，早在《说文解字》当中就说过，"青荇"是一种圆形的水草。为什么他明明没有见过，他却要把这个"青荇"拉过来，形容这个心中非常缠绵轻柔的水草，非常美的，会招摇的水草？好，再一次回归我们一开始就跟大家讲过的《诗经》，"参差荇菜，左右采之。窈窕淑女，君子好逑"对吗？是把它心中的这个窈窕淑女作比，所以"荇"字最早的，或者说用得最多的出处还是来自于《诗经》。有的时候我们看，客观的"柳"，它寄托了作者的情感之后，它变成了一个意象。被赋予了很多它本身可能没有那么丰富的内涵，有的时候这个客观的存在，甚至会在寄托了作者的情感，寄托了作者个人的积累之后，变成了另外一样东西，所以我们说文字的奥秘就是在于此。好，这样的时候我们已经读出了这种不舍，这是一开始的不舍，第二段我们看出了愿意与它同在的一种缠绵与深情。当他发现这种"考吾所愿而必违，徒契契而苦心（陶渊明《闲情赋》）"的这种感伤之后，这种感伤进一步加以酝酿，变成了他想在这里放歌，但是只能载着一船星辉远去，感伤加强，文章进入了一个非常沉默的阶段。好，所以夏虫也为他沉默，沉默是今晚的康桥。最后我们看，最后一段又是"云彩"，这个"云彩"有什么不同吗？

生亥：最后一段的"云彩"，因为他前面说了"不带走一片云彩"，给我一种感觉他想带，却没有带，也没有能力去带，也是有很深的不舍，甚至有一点无奈的感觉。

师：不舍，甚至读出一些无奈。"作别"和"不带走"有什么区别？你已经发现了文本的区别。"作别"和"不带走"到底是有什么区别？你说无奈。有什么区别？

生亥："作别"其实就是和一个事物作一个道别。

师：能感受出来说不出来？没事，我们来把这段读一读，请你把这段读一读。

（生亥读最后一段）

师：最后，如果是"作别"的话，文章的最后应该是怎样的一个动作。给大家展示一下。

（生亥作挥手告别状）

师：好，那如果是"不带走"呢?

（生亥作甩手状）

师：噢，就是非常潇洒地，也非常惆怅地甩一甩手就结束了。好，请坐。所以我们发现，一开始我们发现的不舍和喜爱，包括这种感慨我们都能从中感受到。但是感情是有变化的，这种变化这种感情的流露是能从字里行间感受得出的。好，我们请一开始就能读出感情的同学再来朗读一下这首诗。

（生某平稳朗读全诗）

师：读得非常好，读出了这样一种感情。但是如果把这种感情的变化再读出来就更好了。大家自己再想一想，然后请大家一起来读。给大家一点准备的时间，然后我先来给大家读一下。

（师读全诗）

师：现在大家一起把书拿起来，《再别康桥》，徐志摩。

（师生一起读全诗）

师：大家都读得非常好。那今天的回家作业，再一次地回到文本中，熟读这首诗，结合我们重新认识的这个"柳""云""虹"等等的元素，写一小段新诗，结合我们之前给大家讲过的建筑美、绘画美，然后补充阅读《我所知道的康桥》。下课。

班长：起立。

师：同学们再见。

生：教师再见。各位教师再见。

教学反思

首先，可以说，这节《再别康桥》是非常失败的课。这节课最大的失败就在于我在全课上完之后还觉得完成度尚可。我以为，学生一节课下来，有所得有所悟；我设定的教学目标也基本完成，教学环节也是颇为流畅的，这节课至少应该算是无功无过。

但事实并非如此，除去一些细节上值得推敲的地方，现在回过头来反思这节课，觉得这节课的本质问题并不在于如何组织和操作，更体现了我对"上课"这件事情的迷茫和困惑。

工作三年，如履薄冰，其实时时刻刻都是在摸着石头过河。学生在变，时代在变，如达摩克利斯之剑一样悬挂在头上的"考试要求"也在变。有时候常常觉得这三年下来真正被训练到的是自己的察言观色能力——考场需要怎样的学生，学生需要怎样的课堂，进而，这个时代需要怎样的教师，都是我所不能想明白的事。尤其是我任教的学科和学段，总让我觉得自己要做的事似乎不仅仅是带着学生们"识文断字"，更需要"传道解惑"。然而，一个离"不惑"相距甚远的人怎么"解惑"呢？一个远未能"明道"的人如何"传道"呢？讲清楚几个字词的意思，甚而说一说答题的技巧，我或许能做到，但是更重要的美育和智育责任，我深知自己的经验和所学都远不足以支撑。那么，又何以让学生"亲其师信其道"呢？

一度，我的选择是自己尽可能地多整理、多补充一点给学生，觉得有备无患总不会错。在这节课中的表现就是想好好地讲一首现代诗，拉拉杂杂有关无关的课外补充讲了一大堆，但回头想想，这样做无非是在自我感动。从好处想，可能学生能多记得些什么。从坏处想，这简直是把挑重点的难题抛回给了学生的不负责任的表现。对于有鉴别能力的同学而言，或许会感慨文学的世界"怎起这样一座大花园"，但是，对于大多数对文学连基本的兴趣都了了的同学，只会更觉得乱花迷眼，不知所云。

一度，我的选择是安排构思更多的课堂形式，让学生在课上"忙一点，专心一点"。在这节课中也是如此，一会儿在 PPT 上展示作业，一会儿小组讨论，一会儿发言试写……但这样的方法"讨好"了学生，却丧失了文学的深度，使得文学课堂失去了安静的书桌反而成为一场闹剧，也让自己从一个读书人变成了一个沾沾自喜的演员。

一度，我得意于自己想要的答案被学生脱口而出；一度，我以为公开课卡着时间讲完内容就是成功；一度，编段子逗得学生哈哈大笑就让我很得意；一度，我为学生理解不了我所说的所谓"高大上"内容而颇为忧时忧世，但，细细想来，其实这些都是歧途。

怎样的课是合格的，怎样的教师是称职的？真正的答案可能是简单的。"吾爱吾师，吾更爱真理"，学生与教师之间的纽带不应是"考试"，或不应仅仅是考试、课堂效果、教学目标的达成……过于死板或者过于飘忽的标准，而应该是"真理"，或者说无限通往真理之路。

学生听课，无非是亲近真理的一种方式，教师上课，又何尝不是在探索世界，修正、增补自己的已知？其实做一个合格的教师，和做一个爱智慧的人，从来都不是相互矛盾的事儿。我也始终相信，"教师"是一个职业，"学生"却是每一个人用自己的一生的努力去践行和守护的身份。非常感谢这学期的学习，让我成为了自己更喜欢的自己，一个在课堂里认真听，有喜欢的教师可以去崇拜，有可爱的同学可以共交流的学生。大家之间的亲密和无私让我又看到了特别清新、特别纯粹、特别"校园"的理想主义。希望这样的日子一直延续下去，大家都能见证彼此的发现和成为越来越可爱的自己。

研　讨

一、现代诗歌在课标版高中语文教材中的情况

序号	教材版本	诗歌篇目	册数	
1	苏教版	《相信未来》（食指）	必修一	
2		《让我们一起奔腾吧》（江河）	必修一	
3		《发现》（闻一多）	必修三	
4		《北方》（艾青）	必修三	
5		《祖国呵，我亲爱的祖国》（舒婷）	必修三	
6		《别离》（冯至）	必修五	
7	人教版	《雨巷》（戴望舒）	必修一	
8		《再别康桥》（徐志摩）	必修一	
9		《大堰河——我的保姆》（艾青）	必修一	
10	沪教版	《再别康桥》（徐志摩）	一年级上	
11		《雪落在中国的土地上》（艾青）	一年级上	
12		《双桅船》（舒婷）	一年级上	
13		《地球，我的母亲》（郭沫若）	一年级上	
14		《当炉女》（臧克家）	一年级下	
15		《春天的故事》（叶旭全 蒋开儒）	一年级下	
16		《别了，哥哥》（殷夫）	二年级下	
17		《雨巷》（戴望舒）	三年级上	

18	沪教版	《相信未来》（食指）	三年级上	
19		《中国——我的钥匙丢了》（梁小斌）	三年级上	
20		《悼念一棵枫树》（牛汉）	三年级上	
21	鲁人版	《再别康桥》（徐志摩）	必修一	
22		《致橡树》（舒婷）	必修五	
23	粤教版	《死水》（闻一多）	必修二	
24		《再别康桥》（徐志摩）	必修二	
25		《雪落在中国的土地上》（艾青）	必修二	
26		《热爱生命》（食指）	必修二	
27		《双桅船》（舒婷）	必修二	
28		《欢乐》（何其芳）	必修二	
29		《雨巷》（戴望舒）	必修二	
30		《我和春天有个约会》（焦桐）	必修二	
31		《山民》（韩东）	必修二	
32	语文版	《死水》（闻一多）	必修一	
33		《黄鹂》（徐志摩）	必修一	
34		《雨巷》（戴望舒）	必修一	
35		《寂寞》（卞之琳）	必修一	
36		《我遥望……》（曾卓）	必修一	
37		《麦地》（海子）	必修一	
38		《你说，你最爱看这原野里》（冯至）	必修一	
39		《春》（穆旦）		

　　总共选入的现代诗39首，《双桅船》《相信未来》《死水》《雪落在中国的土地上》各两次；《雨巷》《再别康桥》各4次。分布情况：

版本	第一册	第二册	第三册	第四册	第五册
人教版	3	0	0	0	0
沪教版	4	2	0	1	4
苏教版	2	0	3	0	1
鲁人版	1	0	0	0	1
粤教版	0	9	0	0	0
语文版	8	0	0	0	

二、现代诗的概念

以作者为坐标，还是以作品为坐标？（毛泽东、鲁迅的诗）

是否包括翻译诗歌？（外国诗歌创作年代和翻译年代）

三、现代诗的时段

现代诗和当代诗的区别

每个年代的诗都有它的特殊背景。比如下面这首宋词和近人对它的分析。

周邦彦【望江南】

游妓散，独自绕回堤。芳草怀烟迷水曲，密云衔雨暗城西。九陌未沾泥。

桃李下，春晚未成蹊。墙外见花寻路转，柳阴行马过莺啼。无处不凄凄。

俞平伯《读词偶得》：

谭评《词辨》于欧阳修【采桑子】首句"群芳过后西湖好"旁批曰："扫处即生"，正可移用。猛下"游妓散"三字便觉繁华过眼而空，笔力竟直注结尾矣。以下步步逼紧，直逼出"无处不凄凄"之神理来……

四、现代诗歌的教学

1. 理清现代诗的来路（古代、外国）

2. 关注诗歌的特征

（1）诗之不同于散文的形式特点（句式、韵脚、音顿）

（2）诗所表达的是一种情绪，一种感觉。这种感觉的可贵，往往在于它的"能指"远远超出它的"所指"。

观看王智华教师《再别康桥》的教学视频，印象最深的首先是王教师自己在文本解读方面做了大量的准备，竭力去挖掘的"点"很多，而且可以看出是比较深入的。例如引用了《诗经》《说文解字》，以及陶渊明等人的诗作。这些对于帮助学生养成深挖文本的阅读与学习习惯是很好的示范。

王教师的教学风格是将自己与学生的距离拉得特别近，其好处便也就是交流之自然。例如，较为简洁地导入课堂之后，王教师请一生朗读全诗之后再请其他学生点评，解决了基本字词读音的同时，由点评者的"但是读得没什么感情"的评价自然引导到关于诗歌情感的探索。其过渡语如下："我们对它的理解仅限于字面上觉得还挺美的，但是好像读不出很深的感情。"设计得自然、到位。就这个角度，从反面而言，与学生近距离的沟通交流，则有时给人这样很强烈的感觉：在请某一位同学起来回答问题的时候，对话就变成仅限于师生两人，而没怎么顾及到其他所有同学是否在听、是否理解，甚至是最基本的——是否有兴趣听。

再谈"一位学生读全诗、其他同学点评"的这个环节，我想是否还可以增加一些内容：或是教师的评价，或是教师对于点评者的再点评与指导。尤其是对于点评者的再点评与指导，我觉得这是我们的课堂中常常会忽视的。反思一下，我们会发现，其实孩子们并不怎么知道该从哪些方面来正确、深入地点评一个人的朗读或发言（往往是浮于表面地说"某某地方字音读错了"，或者"他／她读得不够通顺"，再或者"他／她读得没有感情"之类的）。教会学生如何更好地进行评价，说不定会成为"一本万利"的事，那就是——当学生能更好地自主评价的时候，教师便可以在很大程度上获得在课堂上的"解放"，并且能腾出更多的时间精力去做更为深入的文本解读、大大提高课堂效率，或者开展其他更有意义的教学活动。

　　从王教师在这堂课上最为着力的方面"品读意象"和"体悟情感"来说，从学生的发言可以发现他们中至少有一部分人在预习阶段已然知道了诗中的"不舍"等情感，那么王教师借助引导学生深挖意象背后的深义来切实体会这些情感，则是非常扎实的做法。

　　王教师在"柳"这个意象上花了较多的工夫，感觉很好，同时也有值得商榷的地方。从课堂表现可知晓，教师在课前已布置学生自己找关于送别的诗，从学生自己无意中选到的写有"柳"的诗歌来讲这个意象，过程也比较自然，也更容易引起学生共鸣、助其加深印象。然而，关于"柳"意象的涵义，我感觉学生们在初中阶段学习古诗文的时候应该就有接触，或许可以在这部分稍微节省些时间。例如："同学们都见过柳树吗？见过吗？……你见过柳树对吗？……你觉得我们举出的那么多诗歌中的柳树，和你见过的柳树有不同吗？……你是在哪里见过柳树的？……你和谁去看到的？……"这部分设问很多且有些感觉很奇怪，对话也没多大意义，这样的课堂生成并不理想，倒不如不要。此外，关于这首诗中"那河畔的金柳"，诗人到底在写的时候有没有寄托其"留"之深意，我个人觉得也是不一定的事。我以为，与其费力揣测意象，不如先充分让学生读、以各种形式读，读着读着，或许对于意象的解读也就"水到渠成"了。

　　关于教师的设问和语言组织方面，我想，还需要多下功夫。例如："如果前面只有淡淡的感伤，当他发现他不能放歌，并且当他把自己的这种情感投射到'夏虫'上的时候，这种情感有没有什么变化呢？"面对这样一个问题，首先它挺长的，然后在设问中出现了一个叫做"情感投射"的说法，多少令人费解，我们在思考其答案之前首先要花好些工夫来揣摩教师题设的意思，这会对课堂效果产生较为消极的影响，而非助力。再如"其实'载'这个词，也是有典故的"的说法，首先"载"应该说是一个"字"而非"词"；其次，它毕竟不同于"青鸟""羽扇纶巾"一类具有特定传统历史文化意义的名词，要说"载""有典故"，那么就有太多的字词可以说"有典故"了。

此外，王教师引导学生精读诗文的部分，采用了分小组领任务的方式，每组各重点选读一段中的某一个意象品读，其好处是更多学生的积极性能调动起来，坏处是从学生的心理和实际来说，就容易导致其他小组在发言时就不认真听了，不少学生对于本诗的学习就只停留在某一部分了，而缺乏整体认知。其实每种方法都总会有问题存在，关键要看教师在课堂上如何权衡这利弊，以及最大程度上趋利避害。这似乎与前面提到的与学生交流的问题上，在请某一位或某一组同学回答的时候，一定要让其他小组的同学要么有自觉的倾听、思考和评价的意识，要么就要至少让其他人有一种任务意识，例如事先说好，当别的组发言的时候，其他同学需要做笔记、各组还需要派代表点评之类的。

以上是我在整理王智华教师的课堂实录时拉拉杂杂想到的一些。最后想表达的是：第一，感谢王意如教师给我们开的这样一门能够深入切实地互相学习和切磋的课程，感谢王智华教师这堂课给我以许许多多的思考和收获；第二，诗歌教学，尤其是对较长的诗歌的教学，有那么多的东西可教，要如何取舍，确实很成问题，更何况还要尽力保证诗歌的流畅性的美感，但至少多多地读、反复地读，总没错；第三，诗歌多美妙，诗歌的课堂应该带上些诗性的、更为自由洒脱的特征。

后 记

　　参与教师培训，是从 20 世纪末开始的。当时接受的是教育部"跨世纪园丁工程"的子课题"中小学骨干教师国家级培训"。我们在接受教育部师范司下达的相关指令后，立即感到这是一项影响深远、意义和责任同样重大的艰巨任务，于是抱着积极而又审慎的态度开展这项工作。根据教育部关于"基础教育实施以培养创新精神和实践能力为核心的素质教育"的要求，本着建设一支面向 21 世纪能担当起素质教育重任的语文骨干教师队伍的精神，我们郑重其事地组建了项目团队。担任项目负责人的是中文系的郭豫适教授。郭先生曾任华东师范大学副校长、国务院学位委员会中文学科评议组召集人，请出他来挂此帅印，可见有多么重视。本人时任中文系副主任，分管继续教育，理所当然地负责培训的具体实施。我们为每位学员配备了专业导师，还专门选派工作认真、责任心强、本学科专业水平高且有较强管理能力的教师担任班主任。当时担任班主任的，是中文系教授徐莉莉先生。选派来上课的都是在某一方面学有专攻、业务强并且师德好的教师，教授、博士生导师占 50%。学校领导也对此事非常重视，当时的马钦荣副校长亲自负责，教育部师范司的马力司长也亲赴上海视察。对一所部属院校来说，做一次教师培训，重视到这样的程度，应该说是不多的。经过一年零几个月的努力，首期语文骨干教师国家级培训终于圆满结束。之后，我们又连续做了三年这样的培训。之后又是对培训者的培训以及对高校学科教学论教师的国家级培训。语文的新课程标准颁布后，我们又做了大量新课程的培训。在这些工作中，付出的辛劳、收获的喜悦以及思考的问题缠夹交替，一并出现，成了我想要做一点研究的动因。

获得上海市科技创新项目的支持后，我首先对以前做过培训的对象进行了跟踪——其实不跟踪我也知道，他们中的很多人都已经在语文圈内声名显赫。同时，我在可能的范围内，对正在接受培训的教师做了问卷调查。完成调查后，再把重点放到上海，放在当下，以浦东、杨浦、闵行等区为重点，做了个案研究，同时利用自己带"规培"硕士的机会，积极探索新的培训模式。几年下来，渐渐积累了一些材料，完成了这本小书。

说实话，关于教师的职后培训，越是往里走，越感到问题的庞杂。这里面有领导层的决策问题，有院校的定位问题，有教师队伍的水平问题，还有受训对象自身的问题。要想让语文教师的职后培训呈现出一种完全理想的状态，远不是我个人的力量所能完成的。但我想，做一点，是一点，就当这里是一个小小的驿站，我们歇口气，还要继续往前走。

我的同事叶丽新博士、上海市教委教研室的谭轶斌教师、杨浦区教师进修学院的王白云教师、闵行区教师进修学院的金中教师、浦东教师发展研究院的兰保民教师和华东师范大学中文系 2015 和 2016 规培班的学员们，对本项研究都给予了有力的支持，提供了他们宝贵的思考成果，谨在此处表示深深的谢意。在规培班开设"语文教育实践工作坊"的过程很辛苦，但也因为师生都有收获而感到很享受。因此不揣简陋，在附录中放上了 7 个案例，希望能给大家一点启示。

我曾为老一辈的语文特级教师陆继椿写过一篇文章，标题叫《语文人永远是年轻》。可能不仅是"语文人"（原谅我为忠诚于语文教育的人杜撰了这个词语），有关语文教育的一切都永远是年轻的，因为它可以开发的东西实在太多。在彭祖面前，谁能说自己不是个小孩呢？

因为年轻，所以向前，永不停步。

王意如